Friedrich Gottlieb Probsthayn

Das Tagebuch

vom 14.05.1813 bis 29.09.1814

Beiträge zur sächsischen Militärgeschichte zwischen 1793 und 1815

Heft 41

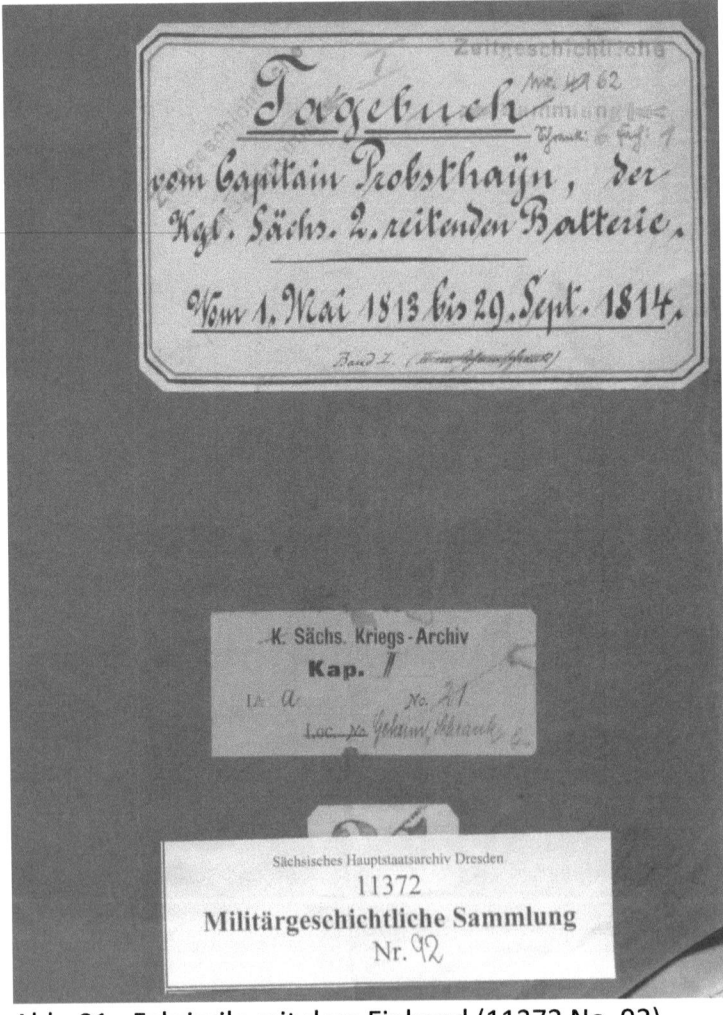

Abb. 01 - Faksimile mit dem Einband (11372 No. 92)

Friedrich Gottlieb Probsthayn

Das Tagebuch
vom 14.05.1813 bis 29.09.1814

Bibliographische Information der Deutschen Biliothek

Die Deutsche Bibliothek verzeichnet diese Publikation in der Deutschen Nationalbibliographie; detaillierte bibliographische Daten sind im Internet über http://dnb.ddb.de abrufbar.

Die Deutsche Bibliothek – CIP – Einheitsaufnahme

Dr. Konrad Probsthain, Jörg Titze (Hrsg.)

Friedrich Gottlieb Probsthayn - Das Tagebuch vom 14.05.1813 bis 29.09.1814

ISBN 978-3-7412-7428-2

© 2016 Jörg Titze

Herstellung und Verlag:

BoD - Books on Demand, Norderstedt

Inhaltsverzeichnis

Vorwort   7

Tage-Buch
vom 14ten Mai 1813 bis ultimo September 1814   9

Liste der im Text erwähnten sächsischen Offiziere   78

Quellen   82

Ortsverzeichnis   83

Abb. 02 Probsthayn's Grabmal auf dem Friedhof Radeberg (ev.-luth. Kirchspiel Radeberger Land)

Vorwort

Nachfolgend wiedergegeben wird das Tagebuch von Friedrich Gottlieb Probsthayn (✹ 1779 / ✞ 1839) aus den Jahren 1813 und 1814.

Probsthayn[1] war den Feldzug von 1812 über im Depot der reitenden Artillerie-Brigade angestellt und erhielt Anfang 1813 das Kommando der 2. reitenden Batterie, welche in Sachsen als Ersatz für die verschollene Batterie der Kürassier-Brigade Thielmann neu aufgestellt worden war.

Das Tagebuch selbst befindet sich als handschriftliches Dokument im HStA Dresden. Es handelt sich dabei allem Anschein nach um eine zwischen 1815 und 1822 erfolgte Reinschrift[2].

Die Entstehung dieses Heftes ist Herrn Dr. Konrad Probsthain zu verdanken. Herr Dr. Probsthain – zwar namens- aber nicht blutsverwandt mit unserem Protagonisten – hatte die Idee der gemeinsamen Bearbeitung des Tagebuches und mit der Transkription den allergrößten Teil der Arbeit geleistet, wofür ich ihm herzlichst danke.

Der Text selbst ist so originalgetreu wie möglich wiedergegeben, aber der heutigen Rechtschreibung angepasst.

---

[1] Er war 1794 beim Militär eingetreten, wurde 1798 Unteroffizier, 1800 (18.04.) Stückjunker, 1806 (08.01.) Sousleutnant, 1810 (18.04.) Premierleutnant und 1813 (18.02.) Capitaine. Die Beförderung zum charakterisierten Major erfolgte am 01.12.1825.

[2] Probsthayn bezieht sich bei seinen Eintragungen zum 30.04.1814 auf den Oberstleutnant v.Stünzner vom Husarenregiment. Stünzner wurde am 15.07.1815 Oberstleutnant und am 16.12.1822 Oberst.

Verwendete Namen, Begriffe und Ortsbezeichnungen werden, insofern zweifelsfrei identifizierbar[3], zum besseren Verständnis in der exakten Begrifflichkeit wiedergeben. Sonst wurde die Schreibweise des Tagebuches beibehalten.

Die nichtpaginierten Seiten des Originals werden im Text durch ┊ gekennzeichnet.

Bedanken möchte ich mich beim Team des Hauptstaatsarchives in Dresden für die wie immer problemlose Bereitstellung der Akten und Genehmigung der Veröffentlichung; gleichfalls beim DHM Berlin für die Möglichkeit, das Götz-Bild gegen Gebühr abdrucken zu dürfen.

Natürlich möchte ich mich auch bei Ihnen, verehrter Leser, dafür bedanken, dass Sie sich zum Kauf dieses Buches entschlossen haben. Insofern Sie Anregungen und Kritiken haben oder mir einfach nur mitteilen wollen, ob Ihnen das Buch gefallen hat, so können Sie mich via email unter sachsen-titze@t-online.de erreichen.

Ihr

Jörg Titze

---

[3] z.B. wird der im Eintrag vom 04.05.1814 als von Groseneck bezeichnete Oberst exakt als von Krauseneck wiedergegeben.

Tage-Buch

vom 14ten Mai 1813 bis ultimo September 1814

Die reitende Batterie, welche ich zu kommandieren die Ehre habe, war in den ersten Monaten des Jahres 1813 mit der Kürassier-Brigade unter dem Generalmajor von Liebenau durch Bayern und Böhmen marschiert und hatte nach ihrem Einrücken in Sachsen, in der Gegend von Dohna anderweit Kantonierungs-Quartiere bezogen.

Den **14. Mai 1813**, als dem Tag, von welchem sich gegenwärtiges Tagebuch anfangen sollte, brach die Batterie mit der Kürassier-Brigade aus dem seitherigen Kantonement auf einen Biwak bei Neudorf auf.

Den **15. Mai 1813** hielt der Kaiser Napoleon über die Brigade Revue, wo nach deren Beendigung alles wieder auf den alten Biwak rückte.

Den **16. Mai 1813** in den Vormittagsstunden erhielt das erste Kavallerie-Corps der französischen Armee, unter dem General Latour Maubourg, welchem unsere Brigade zugeteilt war, und das, außer mehreren leichten und schweren Kavallerie-Regimentern, in Hinsicht der Artillerie, aus:

    2 französischen und

    1 italienischen reitenden Batterie   unter

Kommando des französischen Artillerie-Obersten Luvoy bestand, den Befehl zum schleunigen Aufbruch, um aus der Gegend um Großenhain ein starkes feindliches Kavallerie-Corps zu vertreiben.

Nachdem wir Großenhain passiert hatten, formierten wir uns in geschlossenen Kolonnen und nahmen hierauf Position. Da sich aber vom ⁞ Feinde, welcher Großenhain eine halbe Stunde zuvor verlassen hatte, nichts mehr entdecken ließ, so bezogen wir für diesen Tag in der Gegend von Wildenhain einen Biwak, wo wir bis

den **17. Mai 1813** nachmittags verblieben, und dann in Eilmärschen über Radeburg nach Medingen marschierten und dort en Bivouac einige Stunden hielten.

Den **18. Mai 1813** gegen Morgen wurde der Marsch über Radeberg, Bischofswerda bis an das Dorf Jannewitz fortgesetzt und daselbst biwakiert.

Den **19. Mai 1813** rückte das Corps in die Gegend Bautzen, wo es sich mit der großen Armee vereinigte.

Den **20. Mai 1813** machten wir verschiedene Bewegungen und bezogen dann ganz nahe an Bautzen einen Biwak.

Den **21. Mai 1813.** Nachdem wir von Tagesanbruch an, bis gegen 10 Uhr morgens unaufhörlich Demonstrationsmärsche gemacht hatten, erhielt die Batterie Befehl, auf einer Höhe rechts von Bautzen, Position zu nehmen, zwei französische reitende zu uns gehörige Batterien hatten bereits schon dort abgeprotzt, welche von mehreren Infanterie-Kolonnen gedeckt waren; hinter dem Berg war Kavallerie aufgestellt.

Vor der Front breitete sich ein weites Tal aus, in welchem die diesseitige Kavallerie mit den Kosaken plänkerte. Auf den jenseitigen Höhen hatte der Feind schweres Geschütz postiert, das wir beschießen sollten.

Da wir aber wegen der zu großen Distanz diese Höhen nicht erreichen konnten, und dennoch die feindlichen Granaten in unsern Kolonnen mehreren Schaden verursachten; so befahl der französische Artillerie-General Nourry das Feuer einzustellen, um das feindliche dadurch nicht allzu stark auf unsere Kolonnen zu ziehen, und so geschahen unsererseits nur einzelne Schüsse auf Kosaken-Trupps, welche sich formieren wollten, und auf die am Fuße des jenseitigen Gebirges aufgestellte feindliche Kavallerie, die sich infolge dessen auch teilweise zurückzogen. Unterdessen erhielt die Batterie Befehl, von dieser Position abzumarschieren, und der Oberst Luvoy führte uns auf eine Anhöhe links von Bautzen, wo sich der Kaiser Napoleon befand. Die Batterie wurde hier en Park aufgefahren.

In dem vor uns liegenden Tale nach Hochkirchen zu, sahen wir Verschanzungen, welche vom Feinde mit vieler und schwerer Artillerie an Kanonen und Haubitzen besetzt waren.

So standen wir bis nachmittags gegen ½ 4 Uhr, wo wir Befehl erhielten, gegen die Verschanzungen vorzurücken, um den Feind daraus zu vertreiben. Drei französische Garde-Batterien mussten sich schon zurückziehen, teils weil sie demontiert waren, teils weil sie ihre Munition ganz verschossen hatten.

Wir marschierten zu 1 ab, und ein französischer General aus der Suite des Kaisers führte uns zu unserer Bestimmung an.

Die Distanzen von den Verschanzungen aus bis zu der Höhe, wo sich der Kaiser ⁝ befand, waren feindlicherseits mit zwei Reihen Jalons abgesteckt, welche aber bemerkter General mit dem Säbel niederhieb.

Nachdem wir uns ungefähr bis auf 800 Schritt den Verschanzungen genähert hatten, marschierten wir mit der größten Präzision und Ordnung auf, und gingen en front unter dem heftigsten Feuer gegen die Verschanzungen vor. Um den feindlichen Batterien in die Flanke zu kommen, wurde der rechte Flügel vorgenommen, bei welcher Gelegenheit der Batterie die beiden Flügelkanonen demontiert wurden. Der einen Flügelkanone war das Protzrad zerschossen worden, und die andere hatte beide Stangenpferde verloren. Während die 4 übrigen Piecen schon in Tätigkeit waren, wurden unterdessen die beiden demontierten Kanonen durch die vorzügliche Schnelligkeit ihrer Bedienungen sehr bald wieder in aktiven Stand gesetzt.

Die Kanonade dauerte fast zwei Stunden lebhaft fort und unsererseits wurde mit so glücklichem Erfolg geschossen, dass der Feind nicht allein die Verschanzungen verließ, sondern auch alle Truppenabteilungen, die dort aufgestellt waren, den Rückzug antreten mussten. Auffallend war es, dass wir an diesem Tage in einer so großen Nähe und unter einem so heftigem Geschützfeuer einen so unbedeutenden Verlust hatten. Von der Artillerie wurden: 4 Canoniers und
 1 Trainsoldat

blessiert, ⁝

6 Artillerie-, incl. 1, den Capitain, und 3 Train-Pferde aber totgeschossen.

Die Ursache mochte wohl hauptsächlich darinnen liegen, dass der Feind bei dem raschen und lebhaften Schießen seinem Geschütz nicht die gehörige und akkurate Richtung gab, weshalb er uns großenteils überschoss.

Mit den übrigen drei zum Corps gehörigen reitenden Batterien, die ebenfalls mit uns Anteil an dem Gefechte genommen hatten avancierten wir hierauf einige hundert Schritt, worauf wir abermals Position nahmen, damit die Kavallerie, mit welcher der Kaiser in Masse vorging, falls, dass sie zurückgedrängt würde, von uns aufgenommen werden konnte.

Das Arriergarden-Gefecht dauerte noch bis nachts 12 Uhr, wo alsdann die Artillerie-Brigade einen Biwak unweit Hochkirchen, ohne Lebensmittel und Fourage, bezog.

Den **22. Mai 1813** mit Tagesanbruch wurde in der Richtung nach Reichenbach die Verfolgung des Feindes fortgesetzt, wo die Batterie bis auf die vor Reichenbach liegende Höhe zum dritten Mal Position nahm und lebhaft chargierte. Hier wurden uns

1 Train-Corporal,
2 Artillerie- und
2 Train-Pferde   totgeschossen,
2 Kanoniers und
2 Trainsoldaten   blessiert.

Schon schien das Gefecht beendigt zu sein, als sich am Fuße der Landeskrone bedeutende feindliche Kavallerie-Kolonnen zeigten, die den General Latour Maubourg zurückdrängen wollten. Die Batterie erhielt daher Befehl, noch einmal Position zu nehmen, um jene Kolonnen zu beschießen.

Die allzu große Distanz, sowie die einbrechende Nacht verhinderten uns jedoch hier mit Effekt zu schießen. Der General Latour Maubourg befahl daher, mit Schießen nachzulassen und auf der Höhe von Markersdorf für diese Nacht Position zu nehmen.

Den **23. Mai 1813** marschierte die Batterie nach Görlitz zu, und passierte, indem sie die Stadt links ließ, den Neiße-Fluss, auf welchem der fliehende Feind alle Brücken in Brand gesteckt hatte. Sowie die jenseitigen Höhen erreicht waren, wurde Position genommen, und die feindliche Artillerie links, die Kavallerie aber rechts beschossen. Der Premier-Leutnant Weise wurde blessiert, dem Train Leutnant Krüger sein Pferd und 1 Artilleriepferd totgeschossen.

Die 6-pfündige Batterie Rouvroy marschierte neben uns links auf, und nachdem sich der Feind durch ein wohl dirigiertes Feuer bis Leopoldshain (Lagów) zurückgezogen hatte, nahmen wir vor diesem Dorfe noch einmal Position und vertrieben mit wenigen Schüssen den Feind daraus.

Da der Feind bei seiner Retraite das Dorf in Brand gesteckt hatte, so dirigierte der General Latour Maubourg, das Dorf rechts lassend, alle Truppen links auf die Straße nach Bunzlau. Da aber in einem zu passierenden Walde noch ein ⋮ sehr starkes Tirailleur Feuer statt hatte, bei welchem das sächsische Jäger-Bataillon vorzüglich engagiert war; so erhielt die Kavallerie und Artillerie Befehl, einstweilen Halt zu machen. Nachdem aber jener Wald gereinigt war, rückten wir unter Begünstigung der Nacht vor, und bezogen einen Biwak.

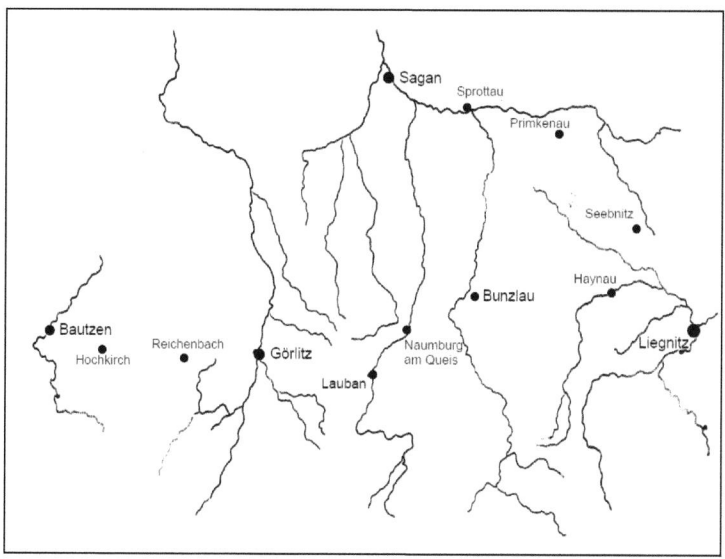

Abb. 03　　Gegend von Bautzen, Görlitz, Bunzlau, Liegnitz und Sagan

Den **24. Mai 1813** setzten wir ohne vom Feinde etwas wahrzunehmen, unsern Marsch bis Naumburg am Queis (Nowogrodziec) fort, wo wir für diese Nacht biwakierten.

Den **25. Mai 1813** ging die Batterie unter gehöriger Bedeckung von französischer Kavallerie über Bunzlau (Boleslawiec), wo sich in den Nachmittagsstunden mit dem Feinde ein Gefecht entspann, zu welchem der Sous-Leutnant Hofmann von Altenfels mit zwei Piecen vorgeschickt wurde. Gegen Abend stieß derselbe ohne einigen Verlust wieder zur Batterie, worauf wir uns an die sächsische Kürassier-Brigade anschlossen, und diese Nacht bei Künest biwakierten.

Den **26. Mai 1813** wurde gegen Haynau (Chojnow) vorgerückt, wo die sich immer zurückziehenden feindlichen Kavallerie-Kolonnen und die Kosaken-Schwärme, in einer gerademaligen Position beschossen wurden. Wir rückten gegen Abend auf den Biwak bei Hartmannsdorf (Raciborowice).

Den **27. Mai 1813** wurde vom frühen Morgen an die Verfolgung des Feindes fortgesetzt, und die feindliche Kavallerie, welche, da sie ohne Artillerie war, sich immer zurückzog, in mehrmaligem Aufmarsche bei Alt Jauer (Jawor) nachdrücklich beschossen. ⁞

Den **28. Mai 1813** rückten wir auf den Biwak bei Jauer (Jawor), wo wir

den **29. Mai 1813** Rast hatten und

den **30. Mai 1813** mit der Kürassier-Brigade und der gesamten Artillerie einen Biwak bei Ober-Moys bezogen, wo wir bis zum 5. Juni stehen blieben und während dieser Zeit en Batterie exerzierten.

Den **6. Juni 1813** brach das Corps wieder auf und marschierte über Lössnitz, Parschwitz (Prochowice),

Seebnitz (Trzebnice), Primkenau (Przemkow) und Sprottau (Szprotawa),

den **11. Juni 1813** in die Kantonierung bei Sagan (Zagan), wo alles Schadhafte wieder hergestellt, die Batterie an Mannschaften und Pferden aus Dresden komplettiert, und das Exerzieren so wie der Dienst fleißig geübt wurden. Hier standen wir bis zum

25. Juli, wo in ein anderweites Kantonnement nach Hirschfeld gerückt wurde, da wir wegen allzu großem Mangel an Fourage in der Gegend von Sagan nicht länger subsistieren konnten.

Den **9. August 1813** erhielt die Batterie Ordre vom 1. Kavallerie-Corps abzugehen, und zum 7. Armee-Corps, welches bei Görlitz stand, zu stoßen. Wir brachen deshalb an diesem Tage von Hirschfeld auf, und rückten den 12. huj. ins Nachtquartier Hennersdorf (Henryków Lubánski) bei Görlitz.

Den **13. August 1813** erfolgte der Aufbruch der Batterie über Weißenberg und Königswartha, wo sich selbige mit der 1. reitenden Batterie vereinigte, und gemeinschaftlich mit der Kavallerie-Brigade des Herrn General-Major von ⸽ Gablenz der Marsch über Senftenberg, Calau, Luckau und Dahme fortsetzten,

den **18. August 1813** auf dem Biwak bei Tzicko rückten und Tags darauf einen anderen bei Schöneweide bezogen.

Den **21. August 1813** kam die Batterie bei Nunsdorf teilweise zum Gefecht, und zwar wurde der Sous Leutnant Graf Vitzthum von Eckstädt mit 1 Haubitze vorgeschickt, eine Brücke, hinter der eine kleine Verschanzung aufgeworfen war, sowie ein davor liegendes Gebüsch, in welchem tirailliert wurde, zu beschießen, und so dem Feind womöglich den Rückzug abzuschneiden. Nachdem nun der Feind aus diesem buschigen und sumpfigen Terrain vertrieben war, wurde der Sous-Leutnant Hoffmann von Altenfels mit einer halben Division zum Verfolgen nachgeschickt, der diesen Abend nicht wieder zur Batterie kam. Die andere halbe Division biwakierte unter Deckung eines sächsischen Infanterie-Bataillons an oben bemerkter Brücke.

Den 22. August rückte das Corps in geschlossenen Kolonnen gegen Wietstock vor, so dass die leichte Kavallerie und die reitende Brigade etwa einige hundert Schritt vor der auf einer Anhöhe liegenden Windmühle zu stehen kam. Wir bemerkten anfangs vom Feinde nur links einen verschanzten Hügel und einige kleine Abteilungen Kavallerie. Bei der näheren Rekognoszierung fand sich aber, dass der Feind auf 10,000 Mann stark war und mehr ∶ als 12 Kanonen bei sich führte. Ein tiefer Wassergraben, über welchen hinter dem Dorfe eine Brücke ging, die vom Feinde verteidigt ward, erschwerte ungemein das Vorrücken unserer Infanterie. Bald war aber hier der Feind zurückgedrängt, in der linken Flanke angegriffen und das feindliche Geschütz durch unsere Fuß-Batterien größtenteils zum Schweigen gebracht, so dass die Infanterie nun im Sturm auf das Dorf eindringen konnte, zu deren Unterstützung 2 Piecen der 2. Batterie unter Kommando des Sous-Leutnant Hoffmann von Altenfels auf eine rechts der Straße befindliche Erhöhung im

Dorfe platziert wurden, welche eine feindliche Batterie, die etwas links hinter Wietstock aufgefahren war, beschossen. Ein Kanonier blieb tot auf dem Platze und ein Trompeter wurde samt dem Pferde blessiert. Da aber nach einiger Zeit die etwas rechts von unserem Geschütz befindlichen Häuser vom Feinde in Brand gesteckt worden waren; so konnte der Sous-Leutnant Hoffmann diesen Posten nicht länger behaupten, sondern musste sich wieder an die Batterie anschließen. Während dessen nun die Infanterie Wietstock und die Höhen hinter diesem Dorfe erstürmten, wurde der vom Feinde links von Wietstock besetzte Berg mit Sturm genommen, worauf sich kurz darauf auch die uns gegenüber stehenden zurückzogen.

Beide Batterien, unter Deckung der Kavallerie, gingen nun rasch durch Wietstock vor und nahmen Position, etwas links der nach Berlin führenden Straße hinter einer breiten Allee, kamen aber nicht zum Schuss, weil der Feind seine Retraite schleunigst fortsetzte. Vor uns lag eine große Feldfläche, welche von allen übrigen Seiten mit Holz umgeben war.

Auf die Nachricht, dass, der Feind hinter dem vor uns liegenden Gehölze wiederum Position zu nehmen schien, rückte die Batterie auf der Berliner Straße vor, und nahm ungefähr ¼ Stunde vom ersteren Posten, links der Straße, hinter dem Gehölze Position, von wo aus sie auf die feindliche Kavallerie chargierte. Schon machte sich der Feind auf den Rückzug, als er auf einmal en Linie aufmarschierte und auf die Batterie anrückte, welche nur von einem kleinen Husaren-Vorposten unter dem Kommando des Leutnants von Reitzenstein, der sich in diesem Augenblicke schnell zurückzog, gedeckt war. Indessen machte durch unser lebhaftes Feuer der Feind ebenfalls rechts um kehrt, und so nahm das Feuer, da es anfing dunkel zu werden, ein Ende.

Während wir nun hier eine Zeitlang ruhig standen, meldet mir plötzlich ein Husar, dass 2 feindliche Infanterie-Regimenter links unseres Postens an dem Holzrande anmarschierten. Schon hatte ich mehrere Male hinlängliche Deckung verlangt, und noch war ich nur von einem kleinen Detachement französischer Infanterie, welche an einem ganz nahe unseres Postens gelegenen Gute aufgestellt war, gedeckt. Bald hörten wir gedämpfte Trommeln rühren ⋮ und wurden das Anrücken der feindlichen Infanterie gewahr, worauf wir anfingen zu feuern. Erwähntes Detachement Infanterie ging auf beiden Flanken der Batterie vor und schoss ebenfalls. Eine allgemeine Stille erfolgte bald hierauf vom Feinde, der, in jedem Fall, in der Vermutung gestanden hatte, Gegner von allen Truppengattungen gegen sich zu haben.

Da meine Batterie, wie schon gesagt, fast ganz ohne Deckung war, so suchte ich einer möglichen Aufhebung dadurch zu entgehen, dass ich in der Stille aufprotzen ließ und den Rückmarsch nach Wietstock antrat. Der General Reynier, welcher mir unterwegs begegnete, gab mir den Befehl, auf den Biwak der übrigen Truppen bei Wietstock einzurücken.

Den **23. August 1813** Mittags 12 Uhr brach das Corps von seinem Biwak auf, und ging auf der Straße nach Berlin durch einen Wald gegen Großbeeren vor. Die

Kavallerie und beide reitenden Batterien in doppelter Kolonne. Sowie der Wald passiert war, wurde aufmarschiert und Position nach Großbeeren zu genommen. Noch ehe aber die 2. reitende Batterie, welche die Queue hatte, den Aufmarsch vollzog, wurde Befehl gegeben wieder zurückzugehen. Wohin? Konnte ich von keinem der Adjutanten erfahren. Der General Reynier befahl mir endlich, mich an die links en Kolonne aufmarschierte Kavallerie anzuschließen.

An einem Dorfe, das etwas vorwärts von uns links lag, ließ sich überraschend feindliche Kavallerie, bald einzeln und bald in Trupps sehen. Der Leutnant Vitzthum von Eckstädt, welcher mit einer halben Division vorgeschickt wurde, warf einige Granaten dahin, worauf sie sich zurückzogen. Vor unserer Front versuchte es eine feindliche reitende Batterie aufzumarschieren, durch unser rasches und wohlangebrachtes Feuer konnte sie aber dahin nicht kommen, sondern musste sich sogleich wieder zurückziehen. Da in der linken Flanke nichts mehr vom Feinde zu entdecken war, so rückte die Batterie gleich wieder zusammen. Dieselbe erhielt hierauf Befehl, mehr rechts vorwärts nach einem kleinen vor uns liegenden Kiefernholze vorzurücken, um das schon bedeutende Anrücken der feindlichen Infanterie zu verhindern. Auf unserm rechten Flügel stand eine französische Fuß-Batterie, und ein lebhaftes Feuer wurde zu unserm Vorteil unterhalten. Zu unserer Deckung hatten wir ein Detachement sächsischer Husaren, welches etwas links rückwärts zur Seite aufmarschiert war. Als aber, die uns rechts stehende französische Batterie retirierte, und auf allen Seiten von unsern Truppen nichts mehr zu sehen war; dagegen die feindliche Infanterie stürmend auf uns anrückte, und vor unserm Kartätschenfeuer nicht wich, so wurde ebenfalls unsererseits mit angelegter Prolonge einige hundert Schritte retiriert, dann wieder Position genommen, und auf die uns verfolgende Infanterie gefeuert. Ein Detachement leichte sächsische Infanterie, welche mit uns zu gleicher Zeit hielt, tat ein Gleiches. Bald mussten wir wieder, entblößt von der französischen Artillerie, welche uns seither zur Seite stand, und unserer Deckung der Husaren, die unfehlbar von der feindlichen Kavallerie in den Wald geworfen waren, beraubt, den anwachsenden Massen des Feindes weichen, da sich dessen leichte Infanterie schon in der Batterie befand. Wir retirierten gegen den Wald, ohne dass wir Zeit hatten aufzuprotzen, und fanden dessen Ausgang schon mit pommerschen Ulanen besetzt, welche uns umzingelten und einen großen Teil von uns gefangen nahmen. Glücklicherweise stürzte ein Detachement sächsischer Ulanen unter dem Major von Taubenheim, das unfehlbar versprengt war /: denn der Oberst von Thümmel wurde mitten in der Batterie gefangen :/ jetzt mit : einem Hurra-Geschrei auf die feindliche Kavallerie los, die nun die Flucht ergriffen, wodurch ein großer Teil der schon gefangenen Batterie gerettet wurde, und wir in den Stand gesetzt wurden, unangefochten unsere Retraite fortzusetzen, und bei Wietstock zum Corps zu stoßen, das dort Position en Biwak genommen hatte, sich wieder formierte und alle Zersprengte sammelte. Das Corps hatte in dieser Affaire sehr viel an Toten, Blessierten und Gefangenen verloren, unter letzteren befand sich unsererseits der Sous-Leutnant Vitzthum von Eckstädt und Meyer und unter den Blessierten namentlich der General-Major von Sahr.

Abb. 04 Umgebung zwischen Jüterbog, Luckau und Großbeeren (Hrsg.)

Die sächsische Artillerie hatte außer einigen 50 Munitions- und Requisitenwagen auch 7 Kanonen verloren, hingegen soll die mit uns agierende Division Durutte noch viel mehr Verluste erlitten haben

Die Ursache, warum von der Kavallerie und namentlich von der reitenden Artillerie ein großer Teil gefangen genommen wurde, ist übrigens wohl nur darin zu suchen, dass bei dem starken Regen alle zu sehr durchnässt und die Wege zu schlüpfrig geworden waren, wodurch die Pferde häufig stürzten. Ferner hatten diese lange Zeit nicht gefressen, die Sättel waren locker geworden und wenn der Artillerist nach geschehener Aktion aufsteigen wollte, so drehte sich der Sattel herum, und als dieser festgeschnallt war, fiel der Mann schon in die Hände des nahen Feindes. Endlich war die Dunkelheit, welche durch den Nebel noch mehr vermehrt wurde, eine Hauptursache zur Verwirrung und zum Verluste. Denn keiner wusste nicht, wer Freund oder Feind war, und jeder war sich selbst überlassen. Wäre diese Retraite am Tage erfolgt, so stünde es immer noch dahin, ob der Feind so große Vorteile errang, und ob diese nicht mit so viel Ordnung erfolgt sein würde, dass ihm wenig oder gar nichts in die Hände fiel, und dass er in seinem Vordringen bedeutend würde verhindert worden sein.

Den **24. August 1813** wurde die Retraite des Hauptparks, zu welchem die 2. Reitende Batterie, da sie an Materiellem und Personellem zu viel Verlust erlitten hatte, ad interim geteilt war, über Stülpe nach Linow fortgesetzt, wobei uns die Division von Sahr deckte.

Den 25. August 1813 bezog die gesamte Artillerie einen Biwak bei Großschlag/Großschleng, wo den 26. August 1813 die 1. reitende Batterie wieder formiert wurde. An diesem Tage lief Abends von Jüterbog die Nachricht von der Ankunft des Feindes ein.

Den 27. August 1813 marschierte der Hauptpark mit dem Rest der 2. reitenden Batterie ⁞ bis Dennewitz, wo wir diese Nacht biwakierten.

Den 28. August 1813 marschierten wir gegen Möllensdorf auf der Straße nach Wittenberg zu, wo wir auf den Anhöhen hinter Nieder-Görsdorf eine Linie Kosaken gewahr wurden, die uns, durch ihre unausgesetzte Begleitung auf unserer rechten Flanke zwang, beständig en Kolonne zu marschieren, wo die Kavallerie die Tete, der Hauptpark die Mitte und die beiden Divisionen von Lecoq und von Sahr die Queue ausmachten. Die Kosaken waren uns so nahe, dass sich kein Mann einige hundert Schritt von seiner Kolonne entfernen durfte, ohne aufgegriffen zu werden.

Die französische Division Durutte eskortierte gemeinschaftlich mit einem kleinen Corps Polen einen starken Transport nach Wittenberg, zu welchem von Dennewitz aus der Premier-Lieut. Schäffer mit 19 Munitionswagen und allen leeren Vivres Wagen stieß. Auch gingen 8 Canons, die keine Bedienung und Munition hatten, mit dahin ab. Das Corps marschierte ebenfalls bis Möllensdorf, woselbst es eine sehr zentrierte Stellung einnahm. Abends hörten wir eine starke Kanonade nach Jüterbog zu.

Den **29. August 1813** früh mit Tagesanbruch setzten wir uns wieder mit Beibehaltung der gestrigen Marschordnung in Bewegung, mit uns zugleich aber auch unsere gestrige Begleitung. Der Hauptpark ging bis Kropstädt, wo es einen Biwak nahm. Dem Corps zeigten sich rechts bei Marzahna Kosaken in Masse. Unsere Kavallerie wagte einen Angriff auf dieselben, der aber mit einem Verlust von 180 Mann abgeschlagen wurde.

Die Kavallerie und die ehemalige Division von Sahr, jetzt von Bose, da ersterer blessiert abgegangen war, blieben nun bei Marzahna stehen. Die Division von Lecoq und das Hauptquartier gingen aber nach Kropstädt, wo erstere rechts vom Biwak des Hauptparks Position nahm.

Der Oberst-Lieutenant Raabe ging an diesem Tage in Munitionsgeschäften nach Wittenberg ab. Nachmittags wurden die bei Marzahna stehen gebliebenen Truppen mit Übermacht angegriffen. Der Feind, welcher sehr stark war, und gegen 12 Kanonen bei sich führte, bedrohte unsere Truppen abzuschneiden, weshalb sich diese auf die bei Kropstädt in Position stehende 1. Division warfen.

Unter mehreren anderen wurde der Hauptmann Kühnel von der Artillerie an diesem Tage durch eine Kontusion an der Brust blessiert, in dessen Batterie sich durch eine feindliche Granate ein Protzkasten entzündete, wobei mehrere Kanoniers sich verbrannten.

Der Feind würde uns in jedem Fall auf beiden Seiten umgangen haben, wenn nicht noch zur rechten Zeit das 12. Armee-Corps anlangte, welches den Feind so weit zurücktrieb, dass der Marschall Oudinot sein Hauptquartier in Marzahna nehmen konnte.

Den **30. August 1813** sahen wir den Feind mit dem 12. Armee-Corps abermals im Gefecht. Die Angriffe des Feindes waren jedoch ohne Erfolg.

An diesem Tage erhielten wir die Nachricht von dem Siege der Franzosen über die Österreicher bei Dresden.

Den **31. August 1813** nahm die Division von Lecoq mit der 12-pfündigen Batterie in unserer linken Flanke bei Grabo Position. Heute stieß die Equipage und übrigen Fuhrwesen des 12. und 4. Corps zu unserem Biwak. Ein starkes Fourage-Kommando, welches an diesem Tage vom Hauptpark ausgeschickt war, wurde bei Rahnsdorf unweit Zahna von den Kosaken aufgehoben. Unter ihm war vom Rest meiner Batterie

    1 Unteroffizier mit 1 Pferd,

    3 Canoniers,

    2 Trainsoldaten mit 4 Pferden.

Den **1. September 1813** früh marschierte der Hauptpark und die Equipage des 7. Corps nach Mochau, ungefähr ½ Stunde von Wittenberg; den folgenden Tag aber bis an die Weinberge bei Wittenberg; Tages darauf bis an das außerhalb der Festung liegende Blockhaus, wo der Hauptpark am 4. huj. leicht verschanzt wurde.

Den **5. September 1813** marschierte der Hauptpark von hier ab, und die Batterie erhielt Befehl, auf der sogenannten Insel in den Festungswerken von Wittenberg zu biwakieren.

Heute Nachmittags 4 Uhr hielt der Gouverneur der Festung Revue über sämtliche anwesende sächsische Artillerie, und gegen Abend musste ich eine Haubitze unter Kommando des Feuerwerkers von Watzdorf auf Vorposten außerhalb der Festung an die Ziegelscheune auf der nach Rothemark führenden Straße aufstellen. Ein polnisches Infanterie-Bataillon, was zu demselben Behufe bereits auf diesem Posten stand, diente zugleich als Deckung unserer Piece. Da es allen Anschein hatte, als sollten wir mit zum Festungsdienst gezogen werden, so verfügte ich mich

den 6. September 1813 zu dem Herrn General-Leutnant von Zeschau, der Tages zuvor hier angekommen war, um zur Armee zu gehen, und bat diesen um Verhaltungsbefehle, weil ich, ohne vorher erhaltene Ordre eines sächsischen Artillerie-Stabsoffiziers, Bedenken trug, Geschütz und Munition auf eines Anderen Verlangen, sogleich hin- ⋮ zugeben. Der Herr General-Leutnant von Zeschau erwiderte mir aber, dass, man bei so bewandten Umständen nichts anderes tun könne, als den Befehlen nachzukommen, die der Festungskommandant verlangte.

Heute war wieder ein Teil des Hauptparks unter Kommando des Capitain Zandt hierher gerückt. Gegen Abend wurde die vor meiner Batterie auf Vorposten stehende Mannschaft abgelöst.

Den 7. September 1813 marschierten wir sämtlich von Wittenberg ab, zu unserer Deckung war der Major von Bünau mit einem Bataillon zugeteilt, wir gingen über Pretzsch, Dommitzsch und rückten in der Dunkelheit aufs Glacis vor Torgau, woselbst wir mit der übrigen Artillerie diese Nacht ohne alle Lebensmittel und Fourage biwakierten.

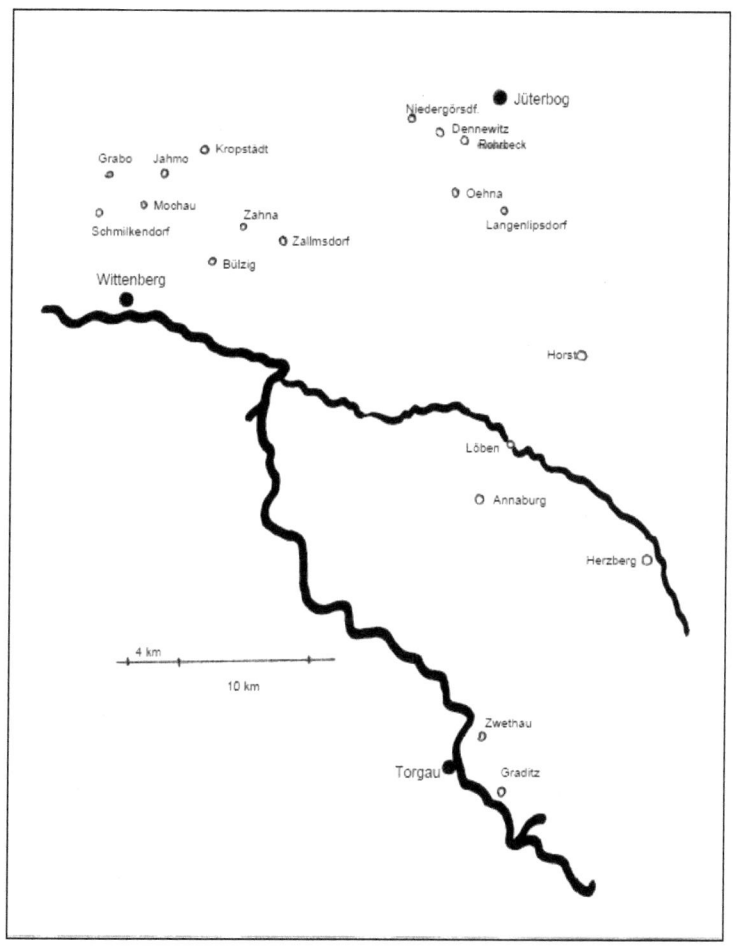

Abb. 05   Umgebung zwischen Wittenberg, Jüterbog und Torgau (Hrsg.)

Den 8. September 1813 rückte die sämtliche Artillerie in die Ebene von Torgau, und eine neue Formierung brachte nun beide reitenden Batterien wiederum zu einer Stärke von 4 Piecen. Nachmittags 4 Uhr hielt der General Reynier über die Brigade Revue.

Den 9. September 1813 des Mittags wurden beide reitenden Batterien wiederum der leichten Kavallerie-Brigade unter Kommando des Obrist von Lindenau zugeteilt, wo wir hinter Fort Zinna, allwo die Kavallerie biwakierte, zusammentrafen und selbigen Tag den Marsch bis Düben fortsetzten, woselbst wir bis

den 11. September 1813 des Vormittags verblieben, dann aber bis Schmiedeberg marschierten, wo die 2. Batterie mit dem Ulanen-Regiment in eine Position auf den Höhen gegen Großwig rückte und daselbst biwakierten.

Den 12. September 1813 bezog die leichte Kavallerie und Artillerie-Brigade einen Biwak bei Dommitzsch.

Den 16. September 1813 wurde die reitende Artillerie-Brigade in Dreblingar unweit Dommitzsch einquartiert.

Den 21. September 1813 erhielt die 2. Batterie früh 7 Uhr den Befehl, wieder zur leichten Kavallerie-Brigade zu stoßen, und nun marschierten wir über Schmiedeberg bis Ostritz, woselbst Position genommen wurde; den 22. gingen wir bis Reuden bei Kemberg; den 23. bis Gniest; den 24. bis Gommlo; den 25. bis Trebitz und den 26. über Lubast, Uthausen bis bei Oranienbaum, wo das ganze Corps einen Biwak bezog, und bis zum 28. stehen blieb.

Den **29. September 1813** brach das ganze Corps auf, und marschierte gegen Dessau. An dem Walde des Schlosses Louisium war ein starkes Infanteriegefecht, die 1. Batterie ging vor, und die 2. machte in eben erwähntem Walde mit dem Husaren-Regiment und einem Bataillon Schützen halt. Nach Verlauf einiger Stunden aber ging das Husaren-Regiment mit der 2. Batterie wieder zurück, und nun bezogen wir bei Gonitz unweit Dessau einen Biwak.

Das 4. Armee-Corps, welches bis zum 30. bei Wörlitz gestanden hatte, und an diesem Tage dem bei Wartenburg in Massen vordringenden Feind entgegen gegangen war, hatte mehrere Tage mit denselben die heftigsten Gefechte gehabt. Den 3. Abends lief die Nachricht ein, dass dieses Corps nicht in der besten Ordnung zurückgedrängt worden war. Infolge dieser Nachricht marschierten wir in der Nacht vom 3. zum 4. Oktober von unserm seitherigen Biwak ab, und nahmen hinter Raguhn, wo das Ulanen-Regiment wieder zu uns stieß, Position. Nach Verlauf einiger Stunden aber setzten wir den Marsch bis Beerendorf fort, wo wir mit dem Hauptpark, welcher ebenfalls in der Nähe dieses Dorfes aufgefahren war, biwakierten.

Den **5. Oktober 1813** erhielt die leichte Kavallerie-Brigade und 2. reitende Batterie den Befehl, sich sofort nach Kleinwölkau in Marsch zu setzen, wo wir Position nahmen und uns mit der Kavallerie-Division Fournier zu Landesberg und mit der des Comte de France zu Zschernitz in Verbindung setzen mussten. Gegen Abend wurde unsere, die sächsische Brigade, in der Front von einem starken Kosakentrupp alarmiert. Sogleich rückte die Batterie mehrere hundert Schritt auf der dortigen Ebene vor. Zwei Piecen wurden an einer rechts gelegenen Windmühle, die anderen zwei Piecen aber einige hundert Schritte links aufgefahren und so der Feind beschossen. Nachdem einige Schuss mit Effekt geschossen waren, so zog sich ⁞ der Feind schleunigst zurück. Da dieser Posten für die Artillerie zu exponiert schien, und wir uns auch ohne Infanterie befanden; so wurde die Batterie in der Dunkelheit unter Deckung einer Eskadron Husaren und einer Eskadron Ulanen hinter Schenkendorf en Park aufgefahren und daselbst eine Nacht biwakiert.

Den **6. Oktober 1813** früh 6 Uhr marschierte die Brigade von Schenkendorf ab und nahm eine Stellung hinter Lokowina. Hier blieben wir bis nachmittags 3 Uhr, wo der Marsch bis Gotha fortging und daselbst anderweit Position genommen, auch die Nacht hindurch biwakiert wurde.

Den **7. Oktober 1813** rückte die Brigade bis gegen Wöllmen und nahm wiederum Position. In unserer rechten Flanke war ein Teich und sumpfiges Terrain. Auf den dahinter liegenden Höhen fielen Plänkeleien mit Kosaken und einer Eskadron Ulanen, die zur Deckung unserer rechten Flanke aufgestellt war, vor, und des Nachts blieben wir daselbst auf dem Biwak.

Den **8. Oktober 1813** wurde in derselben Gegend bei Plagwitz en Biwak Position genommen.

Den **9. Oktober 1813** marschierte die Brigade in den Vormittagsstunden vom vorigen Biwak ab, ging durch Eilenburg, wo wir auf einer großen Ebene en Linie aufmarschierten und die Revue vor dem Kaiser Napoleon passierten. Hierauf gingen wir mit der großen Armee in geschlossenen Kolonnen bis Görschlitz bei Düben vor, daselbst aber ⁚ die leichte Brigade en Biwak rückten.

Den **10. Oktober 1813** marschierten wir nach Reuden, unweit Kemberg.

Den **11. Oktober 1813** wurde früh 7 Uhr abmarschiert und in den Nachmittagsstunden Position beim Kammergut Blaesern genommen. Während wir hier fouragierten, stieß das Infanterie-Bataillon von Steindel zu uns, mit welchem wir gemeinschaftlich den Marsch fortsetzten, des Nachts 2 Uhr die Brücke bei Wittenberg passierten und dort einen Biwak bezogen.

Den **12. Oktober 1813** brach das Corps früh 7 Uhr auf und nahm für diese Nacht Position auf den Höhen von Teucheln. In den Abendstunden wurde von einer Husarenpatrouille eine Anzahl preußischer Landwehr gefangen eingebracht, worunter sich ein Capitain Graf von Reichenbach befand. Übrigens wurden dem Feinde mehrere Pferde, Schafe und Rindvieh weggenommen.

Den **13. Oktober 1813** früh 6 Uhr verließen wir den Posten bei Teucheln und marschierten gegen Coswig. Auf dem sogenannten Portsberg wurde Position genommen, Nachmittags 2 Uhr aber wieder abmarschiert und bei Düben biwakiert.

Den **14. Oktober 1813** wurde früh 5 Uhr von Düben abmarschiert und der Marsch bis Reuden bei Kemberg fortgesetzt, woselbst biwakiert wurde.

Den **15. Oktober 1813** marschierte die Brigade früh 7 Uhr vom Biwak ab bis Düben. Da durch die ununterbrochenen Märsche die Batterie an Zugpferden sehr herunter ⁝ gekommen, die teils marode, teils auf den Straßen ganz kraftlos und tot liegen blieben, so dass die Kanonen und übrigen Fuhrwesen nur mit der Hälfte der wahren Bespannung fortgeschleppt werden konnten; so wurde bei Düben Halt gemacht und während der Zeit, die, der Batterie fehlenden Zugpferde aus dem Park ersetzt. Um dieselbe Zeit wurde befohlen, dass, um uns einige Erholung zu geben, die 1. reitende Batterie zur Kavallerie-Brigade und die 2. reitende Batterie zur leichten Infanterie-Brigade kommandiert, auch wurde diese Nacht bei Düben biwakiert.

Den **16. Oktober 1813** hörten wir mit Tagesanbruch eine der stärksten Kanonaden in der Gegend von Leipzig, welche den ganzen Tag fortwährte. Das Corps, bestehend aus der Infanterie-Brigade, einer 12- und 6-pfündigen Fuß- und zwei reitenden Batterien, brach früh 6 Uhr auf, marschierte auf der Leipziger Straße, woselbst bis nachmittags 3 Uhr Halt gemacht, und dann der Marsch bis Eilenburg fortgesetzt wurde, wo wir Abends 9 Uhr einen Biwak bezogen. Nachts 12 Uhr brach das Corps wiederum auf, marschierte durch Taucha und hielt daselbst bis gegen Morgen auf den Höhen bei der Windmühle.

Den **17. Oktober 1813** morgens 7 Uhr marschierte das Corps von Taucha ab, formierte sich in Kolonnen und nahm die Richtung gegen Leipzig hin. ⁝ Wir passierten den Heiteren Blick und marschierten zwischen diesem und der St. Thekla Kirche en Reserve auf. Ein französischer Park, welcher bisher vor uns gestanden hatte, wurde durch einige feindliche Kugeln auf einmal so in Furcht gejagt, dass er in der größten Unordnung retirierte und unsern Aufmarsch sehr erschwerte. Kurze Zeit darauf veränderten wir diese Stellung und rückten mehr rechts näher nach Schönefeld zu. Hier fuhren wir bald en Park auf und schlossen uns an die Infanterie-Brigade des General-Leutnant von Zeschau, welche rückwärts auf der Ebene en Kolonne postiert war. In dieser Position sahen wir die unabsehbaren Linien des Feindes, welche immerwährend manövrierten, ohne dass dabei bedeutend geschossen wurde. Abends gegen 6 Uhr zogen wir uns mit der Infanterie nach Paunsdorf zurück, wo bereits die 12- und 6-pfündige Batterie en Park aufgefahren war.

Den **18. Oktober 1813** früh 8 Uhr gingen wir über den Heiteren Blick nach Taucha zu, um wie es hieß, den Hauptpark bei Eilenburg abzuholen. Schon hatte mit Tagesanbruch auf dem rechten Flügel und im Centro der französischen Armee die Schlacht wieder begonnen , als der Anmarsch sehr bedeutender feindlicher Massen uns in unserm Vorrücken auf Eilenburg verhinderten, und uns zwangen Mittags gegen 11 Uhr am linken Flügel der französischen ⋮ Armee Position zu nehmen. Die Batterie wurde bei der Paunsdorfer Windmühle hinter der Infanterie Brigade von Ryssel en Park aufgestellt.

Kurz darauf bewegten wir uns vorwärts, die Infanterie zog sich en Kolonne rechts, die Batterie platzierte der Herr Major von Roth rechts von Paunsdorf, wo sogleich abgeprotzt wurde. Auf unserm rechten Flügel stand die

12- und 6-pfündige Fuß-Batterie, auf dem linken Flügel eine französische reitende Batterie.

Gegen 1 Uhr mittags wurden wir von den uns gegen überstehenden feindlichen Batterien beschossen, was auch unsererseits möglichst erwidert wurde. Um 3 Uhr retirierte die uns zur linken stehende französische Batterie, und da wir uns einige Zeit ganz ohne Munition befanden, weil die noch vorhandene aus den Decken-Wagens in die Manövrier-Wagens geladen werden musste, wir auch zu viel Verlust an Mannschaften und Pferden erlitten hatten, so zogen wir uns, um aus der Schusslinie zu kommen, ebenfalls zurück.

Wir verloren auf diesem Posten, den Sergeant Hahn tot, 3 Canoniers und 3 Train Soldaten schwer blessiert; an Pferden, 4 Canoniers und 14 Trainpferde, welche ebenfalls auf dem Platz liegen blieben. Überdies wurde dem Train-Leutnant Krüger sein bestes Pferd ebenfalls totgeschossen.

Unter diesen Umständen, und da die Batterie ohnedem nicht die komplette Mannschaft hatte, befahl der Herr Oberst-Leutnant Raabe, die Batterie sogleich wieder zu 3 Piecen zu formieren, und an einer Windmühle zwischen Sellerhausen und Stünz ׃ wiederum Position zu nehmen. In kurzem wurde dieser Befehl vollzogen, und die Batterie rückte in die neue Position mit 2 Kanonen und 1 Haubitze; die 3. Kanone wurde auf dazu gegebenen Befehl an das Grimmaische Tor gebracht, wo es in den daselbst befindlichen Park abgegeben wurde. Die 12-pfündige Batterie war indessen ebenfalls an die Windmühle gerückt und stand uns rechts. Zu meiner

Deckung war der Major von Egidy mit 2 Kompagnien Schützen gegeben, welcher sich etwas links von mir aufgestellt hatte. Anfangs wurde auf diesem Posten wieder lebhaft chargiert, und der General Reynier gab mir mündlich den Befehl, auf die Kolonnen, die bei Paunsdorf vordrangen, zu schießen.

So standen wir bis nachmittags 4 Uhr, wo ein Übergang des größeren Teils der Sächs. Armee allem Kampfe gegen die Alliierten ein Ende machte. Durch ein glückliches Ungefähr waren sämtliche Batterien auf einem Punkt zusammen, dass der Übergang von allen bewerkstelligt werden konnte. Die Kavallerie war schon in den Nachmittagsstunden übergegangen. Vergebens verfolgte uns die französische Kavallerie etc., denn eine Wolke Kosaken, die auf unsere Ankunft vorbereitet schien, hüllte uns ein und brachte uns im Triumpfe in die Reihe der Alliierten, wo sich Artillerie und Infanterie wieder formierte. Die 1. reitende Batterie, welche diesen ganzen Tag ruhig gestanden hatte, ging nun mit 2 Kanonen und 1 Haubitze, von der 2. Batterie, mit dem Sous Leutnant Hoffman von Altenfels gegen die Franzosen in Aktion.

Bei dieser Gelegenheit wurde der Hauptmann Birnbaum blessiert. Das übrige rückte alles im Rücken der Armee auf einen Biwak, wohin auch die 1. Batterie Abends stieß.

Den **19. Oktober 1813** früh 9 Uhr marschierte das sächsische Corps vom Biwak bei Engelsdorf ab, um bei Pegau in Kantonierungs-Quartiere zu rücken. Zuvor aber wurden die Batterien wieder formiert, und zwar von der reitenden Brigade die 1. zu 4 Piecen. Da wie bereits erwähnt der Hauptmann Birnbaum blessiert war, so übernahm ich das Kommando dieser Batterie.

Unweit Leipzig defilierte das Corps en Parade vor dem K. K. Österreichischen General Prinz von Hohenlohe Ingelfingen.

Da nun die Straßen von den verbündeten Armeen zugedrängt waren, so wurde Befehl gegeben, Halt zu machen, und wir bezogen einen Biwak links der Straße hinter Connewitz.

Den **20. Oktober 1813** erging an mich von Stetten aus, woselbst der General-Major von Ryssel sein Quartier hatte, der Befehl, von Connewitz aufzubrechen, mich mit dem Kavallerie-Detachement des Leutnant Schollenstern in Zöbigker zu vereinigen, und so den Marsch über Zwenkau bis Pegau fortzusetzen. Da ich aber weder in Zöbigker noch in einem anderen Ort erwähnten Leutnant Schollenstern antraf, mittlerweile auch wiederum Ordre von dem General-Major von Ryssel einging, für diese Nacht da stehen zu bleiben, wo mich diese Ordre treffen würde; so machte ich hierauf bei Audigast halt und bezog einen Biwak. Abends 11 Uhr erhielt ich Befehl, Tags darauf

den **21. Oktober 1813** früh 9 Uhr aufzubrechen und nach Langendorf bei Zeitz zu marschieren, woselbst sich die sächsische Division vereinigen würde. Der Major von Taubenheim mit einem Detachement Husaren und Ulanen war befehligt, mit der Batterie gemeinschaftlich zu marschieren. Bei Langendorf machten wir einen kurzen Halt, weil wir den Befehl fanden, diesen Tag noch bis Zeitz zu gehen. Abends 10 Uhr kamen wir in Zeitz an, von wo aus die Batterie annoch bis Hainichen marschierte, woselbst Nachts gegen 12 Uhr Biwak bezogen wurde. Die 12- und 6-pfündigen Batterien, so auch der Divisionspark, waren bereits hier eingerückt. Tags darauf wurden auch unsere Mannschaft und Pferde einquartiert. Hier blieben wir bis

den **24. Oktober 1813**, wo wir anderweitige Kantonierungsquartiere bezogen, und zwar die 1. Batterie nach Tröglitz und die 2. nach Techwitz, unweit Zeitz, verlegt wurde.

Den **26.Oktober 1813** marschierte die Division aus dem seitherigen Kantonnement ab, über Pegau bis Zwenkau, woselbst die reitende Batterie nebst einem Bataillon Infanterie für diese Nacht einquartiert wurde.

Den **27. Oktober 1813** früh 6 Uhr erfolgte der Aufbruch, und die 1. reitende Batterie rückte mit der Brigade Ryssel Nachmittag ½ 2 Uhr in Eilenburg ein.

Den **28. Oktober 1813** früh 8 Uhr verließ die Brigade Ryssel Eilenburg und bezogen Nachmittags 3 Uhr ein anderweitiges Kantonnement in Langenreichenbach bei Schildau, von wo aus ich wegen kränklicher Umstände

den **1. November 1813** nach Hubertusburg Urlaub erhielt, und der Sous-Leutnant Raabe das Kommando der Batterie übernahm.

Während dessen war die Brigade zum Blockadecorps vor Torgau gestoßen, allwo das Quartier des Generalmajor von Ryssel in Mahitschen und das der Batterie in Weßnig war.

Den 5. November 1813 traf ich rekonvalesziert Vormittags 8 Uhr beim Corps ein und übernahm sogleich das Kommando der Batterie. Denselben Vormittag gegen 10 Uhr wurde Alarm geblasen und geschlagen, indem die Besatzung der Festung Torgau einen Ausfall machte. Die Stärke wurde an 3000 Mann angegeben, es war Geschütz auf zwei Punkten aufgestellt, und zwar in einer Verschanzung bei der so genannten Teichmühle, woselbst sie stets zwei Haubitzen hatten, und zwei Piecen an dem Wald nahe bei der Scharfrichterei.

Das Dorf Losswig, welches von unserer Infanterie nur schwach besetzt war, hatten sie bald genommen. Ihre größte Force ging aber auf den Wald von Beilrode hin, wo schon tirailliert wurde. Sie drangen fast bis Bennewitz vor, um unsere linke Flanke wahrscheinlich zu umgehen, wurden aber von zwei Bataillonen, welche dort exerziert hatten, empfangen und mit Nachdruck zurückgewiesen. Der Sous-Leutnant Raabe war mit einer Kanone an einen Graben, welcher das Holz umgab, detachiert, von wo er aus unsere Infanterie, die völlig retirierte, nicht allein unterstützte, sondern auch ein feindliches Bataillon, welches wahrscheinlich als Replie diente, und in geschlossener Kolonne den feindlichen uns immer näher kommenden Tirailleurs folgte, mit einigen wohlangebrachten Kartätschenschüssen auseinander trieb und zum Rückzug nötigte. Unsere Infanterie konnte jetzt wieder vorwärts gehen, und hierauf wurde der Wald ganz vom Feinde gereinigt, der nun seinen Rückzug nach der Festung völlig wieder antrat. Während dessen war ich unter Deckung eines Detachements Ulanen auf die Höhe bei Losswig, woraus der Feind ebenfalls vertrieben war, mit zwei Kanonen vorgerückt, wo es uns bald glückte, die zwei an der Scharfrichterei platzierten feindlichen Kanonen zum Schweigen zu bringen, die nun ebenfalls mit der ganzen Masse retirierten. Von den verschanzten Piecen an der Teichmühle wurden wir zwar sehr und vorzüglich mit Haubitzen beschossen, erlitten aber nicht den mindesten Verlust, wohl aber der Feind, der durch unser Feuer, indem er den Damm passierte, sehr viel an Toten und Verwundeten hatte. Unsere leichte Infanterie verlor an diesem Tage an Toten und Blessierten 1 Offizier und einige 40 Mann, unter den Toten namentlich den Leutnant Schollig. Nachmittags 2 Uhr rückte alles wieder in die Quartiere.

Den **6. November 1813** wurde der Posten an der Scharfrichterei unsererseits mit zwei Kanonen ⋮ von der Fuß-Batterie und einem Infanterie-Bataillon besetzt und durch Verschanzungen und Verhau befestigt. Alle Truppen erhielten deshalb den Befehl, so in Bereitschaft zu sein, auf das Schnellste ausrücken zu können, im Fall uns der Feind hinderlich sein sollte, jedoch ging alles ruhig vonstatten.

Den **8. November 1813** standen früh 7 Uhr alle Truppen unter Gewehr, weil Nachricht eingegangen war, dass der Feind diesen Vormittag wieder einen Ausfall machen würde. Alles rückte auf den angewiesenen Posten und die reitende Batterie fuhr en Park bei Losswig auf. Gegen 12 Uhr aber rückte alles wieder ein, da sich vom Feinde nichts merken ließ. In der Nacht vom 8. bis zum 9. wurde ein Durchstich aus dem Großteich vollbracht, wodurch die Gegend um Losswig unter Wasser gesetzt wurde.

Den **10. November 1813** erfolgte wiederum Abends 10 Uhr Alarm. Der Ingenieur-Leutnant Horrer hatte den Auftrag von dem königlich preußischen General Graf Tauenzien, eine Schleuse zu ziehen, um dadurch dem Feind die Ausfälle auf der Losswiger Seite ganz zu verbieten. Allein noch ehe er an die Palisaden mit seiner Mannschaft gekommen war, wurde er von der feindlichen Feldwacht entdeckt, die Feuer auf ihn gab, wodurch dieses Vorhaben vereitelt wurde. Nach einigen Stunden rückten die Truppen wieder in die Quartiere.

Den **11. November 1813** bekam ich Abends 9 Uhr Ordre, Tags darauf von dem Blockade-Corps ⁞ mit der Batterie abzugehen. Wir marschierten demnach

den **12. November 1813** früh 7 Uhr von Wesenig ab, in Bottewitz stieß ein Detachement Husaren zu uns, mit denen wir bis Eilenburg gingen, von dort aber für diese Nacht Quartier in Schönwölkau erhielten. Jetzt standen wir wieder bei der Kavallerie-Brigade unter dem Herrn General Major von Gablenz, und die Brigade bestand nun aus dem

      Kürassier-Regiment,
      Husaren-Regiment,
      Ulanen-Regiment und der
      1. reitenden Batterie.

Den **13. November 1813** brach die Brigade früh 7 Uhr auf, marschierte über Schkeuditz, und die Batterie erhielt in Zöschen Nachtquartier.

Den **14. November 1813** wurde früh 7 Uhr über Merseburg, Lauchstädt und Schafstädt marschiert, und

Nachmittags 3 Uhr in die Kantonierungs-Quartiere bei Querfurt gerückt, die Batterie kam nach Barnstädt.

Den **25. November 1813** hielt der Herr General-Leutnant Freiherr von Thielmann Revue über die Brigade, weshalb wir bei Lauchstädt zusammengezogen wurden, und die Batterie hatte den 24. Nachtquartier in Schotterey. Nach beendigter Revue rückte alles wieder in die vorigen Quartiere.

Den **30. November 1813** traf der Premier-Leutnant von Brauchitzsch in Barnstädt ein und brachte zur Komplettierung der Batterie, welche wieder zu 6 Piecen formiert wurde, die der Batterie fehlenden Mannschaften und Pferde, Geschütz und Wagen.

Den **4. Dezember 1813** hielt seine Durchlaucht der Fürst Reppnin über das sächsische Corps Revue, weshalb wir Tags zuvor ein Nachtquartier in Schotterey bei Lauchstädt erhielten. Auf dem Revueplatz ohnweit Merseburg war das ganze Corps in drei Treffen aufgestellt, und zwar in dem ersten Treffen die
1. Reitende Batterie,
das Kürassier-,
Ulanen- und
Husaren-Regiment, die der übrigen zwei Treffen die Fuß-Batterien und die Infanterie-Regimenter. Mittags 12 Uhr kam der Fürst, und nachdem alle Truppen defiliert hatten, marschierte jede den nächsten Weg ins Kantonnement zurück.

Den **5. Dezember 1813** erhielt die Batterie alle ihr noch fehlenden Requisiten und den **6. Dezember 1813** marschierte die Kavallerie-Brigade aus dem seitherigen Kantonnement ab, über Querfurt, Lodersleben, und bezog ein anderweitiges Kantonnement in Allstädt, die Batterie kam nach Sutterhausen. Während dieser Zeit wurde die 2. reitende Batterie ebenfalls wieder in kompletten Stand gesetzt.

Den **12. Dezember 1813** erhielt ich den Befehl, das zeither gehabte Kommando der 1. reitenden Batterie dem Premier-Leutnant von Brauchitzsch zu übergeben; dagegen aber wieder die 2. Batterie zu übernehmen. Diesem zu Folge reiste ich über Sangerhausen, woselbst der General-Major von Gablenz stand. In Eisleben fand ich den Capitain Birnbaum, der die reitende Artillerie-Brigade kom- ⁝ mandierte, und Abends traf ich in dem Kantonnements-Quartier der 2. reitenden Batterie, welche in Erdeborn stand, ein. Da die Batterie sehr viel neue Mannschaften und Pferde hatte, so wurde ununterbrochen gearbeitet, um sie nur einigermaßen in marschfertigen Stand zu bringen. Hier blieben wir bis

den **16. Dezember 1813**, wo die Kavallerie-Brigade, wozu nun beide reitenden Batterien gehörten, aus dem seitherigen Kantonnement aufbrach und über Eisleben bis Hettstedt marschierte, den 17. da stehen blieb, und

den **18. Dezember 1813** den Rückmarsch über Eisleben bis Schraplau und Stedten Nachtquartier erhielten.

Den **19 Dezember 1813** brach die Brigade früh 9 Uhr auf, ging über Schafstädt und Mücheln, und rückte Nachmittags 3 Uhr in ein neues Kantonnement. Der

Brigade-Stab der reitenden Artillerie war in Branderoda, die 1. Batterie stand in Gleina, die 2. Batterie in Gröst.

Den **24. Dezember 1813** hielt der Herr Obrist-Leutnant von Raabe bei Benndorf Revue über sämtliche Artillerie. Die 1. reitende Batterie machte einige Bewegungen. Von der 2. Batterie war der Sous-Leutnant Hoffmann von Altenfels mit 3 Piecen und 25 blindem Schuss nach Artern zum Kavallerie-General kommandiert, um dort die Honneurs beim Alexanderfest zu verrichten.

Den **29. Dezember 1813** ging die Order ein, dass sich alles zu einem bevorstehenden Marsch in Bereitschaft setzen sollte.

Den **31. Dezember 1813** wurde der Sous-Leutnant Hoffmann von Altenfels zum Quartiermachen für die reitende Brigade abgeschickt, Tags darauf

den **1. Januar 1814** brach die Brigade aus dem seitherigen Kantonnement auf, und die Batterie erhielt in Weißenschirmbach Nachtquartier.

Den **2. Januar 1814** ging der Marsch über Allstedt bis Oberröblingen,

Den **3. Januar 1814** über Wallhausen, Berga bis Urbach im Hannoverschen,

den **4. Januar 1814** über Nordhausen bis Weißenbach,

den **5. Januar 1814** über Duderstadt bis Seulingen. Hier wurden beide reitenden Batterien und die 6-pfündige Batterie Rouvroy einquartiert.

Den **6. Januar 1814** über Göttingen, Nachtquartier in Grone, den **7. Januar 1814** auf der Chaussee bis Mühlhausen, woselbst wir den folgenden Tag Rast hatten,

den **9. Januar 1814** über Hannoversch-Münden, Kassel und Nachmittags 3 Uhr ins Nachtquartier Unterölbern eingerückt.

Den **10. Januar 1814** früh 8 Uhr wurde abmarschiert und denselben Tag Nachtquartier in Warburg bezogen.

Den **11. Januar 1814** über Kleinenberg, Lichtenau bis Dörenhagen, woselbst wir den andern Tag Rast hatten.

Den **13.Januar 1814** gingen wir über Paderborn bis Delbrück,

den **14. Januar 1814** über Lippstadt bis Horen, woselbst wir Kantonnements-Quartier bezogen.

Den **16. Januar 1814** hielt der Herr Oberst-Leutnant von Raabe Spezial-Revue über das Materielle der reitenden Brigade.

Den **18. Januar 1814** wurde früh 7 Uhr aus dem Kantonnement aufgebrochen und der Marsch über Soest, Pinoest, Uentrop bis Alt-Ahlen fortgesetzt, wo die Batterie abends 7 Uhr einrückte,

Den **19. Januar 1814** wurde wegen des Tags zuvor gehabten starken Marsches früh 9 Uhr aufgebrochen, über Sendenhorst gegangen und in Hiltrup Nachtquartier bezogen.

Den **20. Januar 1814** ging der Marsch über Münster, die Batterie erhielt heute Nachtquartier in Beerlage, den **21 Januar 1814** bis Velen, woselbst Tags darauf Rast war.

Den **23. Januar 1814** brach die Batterie früh 8 Uhr aus dem Nachtquartier auf, marschierte über Vreden und erhielt in Groll, einer holländischen Stadt, Nachtquartier. Kurz nach dem Ausmarsche hatte die Batterie die Fatalität, dass ein Vorderachsschenkel an der ersten Kanone, weil das Rad durch eine Eisdecke in ein tiefes Gleis brach, zu zerbrechen. Wir sollten Tags darauf bei Doesburg die Ijssel passieren, um über Arnheim weiter vorzugehen. Unweit Emmerich übertrat aber der Rhein seine Dämme und überschwemmte furchtbar schnell die ganze Gegend, längs der Ijssel bis zum Nordmeer, so dass wir

den **24. Januar 1814** Quartier in Zelhem bekamen. Vom Corps des Herrn General-Major von Gablenz kam noch in diesem Ort der Major von Selmnitz mit einem Bataillon Schützen zu stehen. Der Premier-Leutnant Schumann, der schon bis Deulekum voraus war, Quartiere zu regulieren, erhielt Befehl, samt den Quartiermachern in die Batterie bis auf weitere Ordre zurückzugehen. Hier blieben wir bis

den **27. Januar 1814**, wo wir den Marsch wieder fortsetzten, über Roerloh und Pirnloh gingen und die Batterie in Geeslen Nachtquartier erhielt.

Den **28. Januar 1814** brach das Corps früh 8 Uhr wieder auf, und die Brigade reitende Artillerie marschierte in einer Kolonne mit aller militärischen Vorsicht. An dem Städtchen Diepenheim stieß zu unserer Deckung eine Kompanie weimarischer Jäger, weil wir unweit der von den Franzosen besetzten Festung Deventer vorbei gingen. Die 2. Batterie marschierte über Apeldoorn und rückt Nachmittags in das Nachtquartier Rijssen ein.

Den **29. Januar 1814** wurde wiederum früh 8 Uhr aufgebrochen, und die Batterie kam ins Nachtquartier nach Tijenraan.

Den **30. Januar 1814** wurde früh 8 Uhr abmarschiert, und sollte die reitende Artillerie-Brigade Nachtquartier in Zwolle haben. Da aber das Wasser zu sehr anwuchs, so wurde ein doppelter Marsch vollbracht, und wir rückten Nachmittags über die IJssel in Kampen ein, woselbst wir für diese Nacht Quartier erhielten.

Den **31. Januar 1814** brach das Corps früh 8 Uhr auf, passierte Elburg, am Zuidersee gelegen, und die Batterie erhielt Dornsbrück zum Nachtquartier. Der Feuerwerker von Watzdorf der 2. reitenden Batterie wurde mit zwei Mann nach Arnheim kommandiert, um dort für die Artillerie Eisen zu übernehmen.

Den **1. Februar 1814** ging der Marsch über Harderwijk dicht am Zuidersee in das mir angewiesene Nachtquartier Putten. Tags darauf,

den **2. Februar 1814** gingen wir über Nijkerk, Amersfoort, und die Brigade rückte Abends in Utrecht ein.

Den **3. Februar 1814** wurde früh 9 Uhr von Utrecht abmarschiert, bei Besekum der Rhein passiert, wo die Pferde über das Eis geführt, Geschütz und Wagen aber in eine Fähre gebracht, und so auf einem hierzu eingehauenen Kanal übergeschifft wurden. Die

Überfahrt mit einer Batterie dauerte gerade zwei volle Stunden. Abends 8 Uhr rückten wir ins Nachtquartier Büren, woselbst die ganze reitende Artillerie untergebracht war, ein.

Von Utrecht aus wurde von allen Offizieren mit Genehmigung seiner Durchlaucht des Herzogs von Sachsen-Weimar das ⁞ Orange-Band getragen. Auf dem heutigen Marsch hörte man früh und Abends stark kanonieren, was bei Gorkum (Gorinchem) sein sollte.

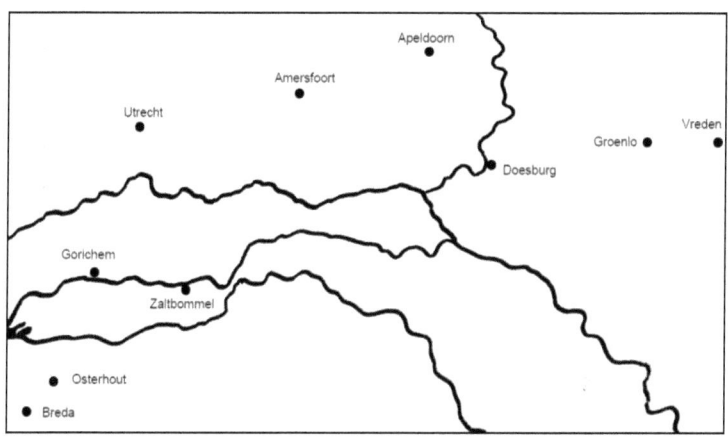

Abb. 06   Gegend zwischen Utrecht, Breda, Vreden

Den **4. Februar 1814** brach die Brigade früh ½ 10 Uhr aus dem Nachtquartier auf, passierten ½ Stunde unterhalb (Zalt)bommel bei dem Dorfe Haaften über die Waal, und zwar über eine Notbrücke, welche von Stroh und hierauf Bretter gelegt gefertigt war. Die Batterie erhielt für diese Nacht Quartier in Henmert. Der Weg dahin war ein hoher Damm, der sehr viele Bogen machte. Man sah in einer Entfernung von etwa einer Stunde die Festung Gorkum, und bei der Festung Naerden hörten wir wieder stark kanonieren.

Den **5. Februar 1814** erfolgte der Aufbruch früh 8 Uhr. Bei Alsten wurde die Maas über eine ähnliche Brücke wie über die Waal passiert. Hier erzählte uns ein holländischer Offizier, dass diesen Morgen die Festung Gorkum kapituliert habe. Es war der Befehl, auf der Straße nach Geertruidenberg fortzumarschieren, unterwegs aber erhielten wir Ordre, nach Oosterhout zu marschieren, woselbst die Brigade Nachtquartier bekam. Wir passierten noch zwei Arme des Maas-Flusses, gingen bei einem Städtchen Kratzburg, welches wir rechts liegen ließen, über die Dörfer Ramsten, Weisberg und Scravemdon und rückten Abends 8 Uhr ein. Durch die außerordentliche Glätte und den starken Marsch waren die Mannschaften, noch mehr aber die Pferde, sehr strapaziert. Es wurde dennoch :

den **6. Februar 1814** früh 10 Uhr aufgebrochen, durch die Festung Breda marschiert und Nachmittags 4 Uhr in Dullear, 2 Stunden von Breda, eingerückt. Hier blieben wir bis

den **9. Februar 1814**, wo die Brigade früh 7 Uhr aus dem Nachtquartier aufbrach und über Reesberg, Meer /: Grenzort von Holland und Brabant ./, und Hochstrade gingen. Die Batterie rückte Abends 9 Uhr ins Nachtquartier Wichelder Sander ein. Bei Reesberg begegneten mir zwei englische Infanterie-Regimenter, welche nach Breda marschierten. Bei Hochstrade war kurz zuvor ein bedeutendes Gefecht mit dem Bülow'schen Corps vorgefallen, welches völlig zum Nachteil der Franzosen entschieden hatte, die aus Antwerpen herausgekommen waren.

Den **10. Februar 1814** brachen wir früh 9 Uhr aus dem Nachtquartier auf, gingen über Zoersel, Zandhoven und Emmeln und rückten Nachmittags 1 Uhr in Lier ein, und gehörten von diesem Augenblick an zum Blockadecorps von Antwerpen. Wir lösten die vorrückenden Bülow'schen Preußen ab, und der General-Major von Gablenz übernahm von dem königlich preußischen General von Oppen das Blockadekommando über folgende Truppen: 1 leichtes Infanterie-Regiment,
2 Bataillone v. 2. leichten Inf.-Regiment,
1 Jäger-Bataillon
2 Eskadronen Husaren,
2 Eskadronen Ulanen,
2 reitende Batterien,
2 Bataillone preußischer Infanterie,
1 Eskadron preußischer Dragoner,
1 Eskadron preußischer reitender Jäger,
1 Bataillon weimarischer Jäger

Den **13. Februar 1814** löste das Elb-Regiment die zwei preußischen Bataillone ab.

Den **14. Februar 1814** wurde eine Rekognoszierung gegen Antwerpen, unter dem Kommandanten der Vorposten, Oberst von Niesemeuschel vorgenommen, wozu er alle unter seinem Befehlen stehenden Truppen nahm, nebst einer halben Division von der 1. reitenden Batterie, welche in Bokhal das Rendezvous hatte. Sie gingen vor bis nach Bergen ¼ Stunde vor den Festungswerken und zerstörten einen feindlichen Verhau. Unsere Jäger, welche sich mit den feindlichen Tirailleurs engagiert hatten, ließen 5 Tote liegen. Nachmittags 2 Uhr ging alles wieder in die Position zurück, das Geschütz aber rückte erst in der Dunkelheit wieder ein.

Den **15. Februar 1814** kam der Sous-Leutnant Hoffmann von Altenfels mit zwei Piecen auf Vorposten nach Bokhal.

Den **16. Februar 1814** marschierte unterm Fürst von Schönburg das 2. Bataillon vom 2. leichten Regiment,
1 Bataillon weimarische Jäger,
1 Eskadron Husaren und die
1. Reitende Batterie   dem
sächsischen Corps nach.

Den **18. Februar 1814** wurde eine Proklamation nach Antwerpen spediert, worin Soldaten und Bürger aufgefordert wurden, der guten Sache Gehör zu geben.

Den **19. Februar 1814** folgte die 2. Eskadron Husaren dem Corps nach Ath nach, auch gingen der Capitain und Adjutant Birnbaum nach Brüssel ab.

Den **20. Februar 1814** prognoszierte der Feind aus der Festung mit 70 Pferden und 200 Mann Infanterie über Mortsel, jedoch ohne Vorteil. An die 2.000 Arbeiter waren beschäftigt, die der Festung nahe stehenden Bäume umzuhauen.

Den **22. Februar 1814** übernachtete der Duc de Clarence in Lier und ging Tags darauf zum englischen Blockade-

Corps zurück, welches ⋮ mit uns vor Antwerpen in Verbindung stand und 5.000 Mann stark war. Der en Chef kommandierende General hieß Graham.

Den **23. Februar 1814** früh rekognoszierte der Feind abermals mit 100 Pferden und 300 Mann Infanterie gegen Mortsel, ward aber mit einigem Verlust zurückgedrängt. Wir verloren 1 Jäger, 2 Schützen, die gefangen wurden.

Den **27. Februar 1814** wurde früh 7 Uhr in Lier Alarm, der Feind hatte alle Vorposten angegriffen. Gegen 6 Uhr geht die Meldung von dem rechts stehenden Posten aus Vremde ein, dass zwei starke feindliche Kolonnen in Anmarsch wären und hätten die Posten von Borsbeek und Vremde, indem sie zwischen diesen Dörfern mit zwei Infanterie-Kolonnen, 120 Mann Kavallerie durchgegangen, alarmiert und zurückgedrängt. Kaum hat der Oberst von Niesemeuschel und Major von Beeren diese Meldung erhalten und sich zu Pferde gesetzt, als auf der hinter dem Quartier des Oberst nur 300 Schritt weit entfernt stehende Feldwacht auf Têten der feindlichen Kolonnen Feuer gibt und so nach Kräften Widerstand leistet. Der Major von Beeren nimmt hierauf das schwache Piquet und stellt solches zwischen der Straße und dem Dorfe Boechout auf, um sich auf die nun erst alarmierte Reserve im Dorfe zu replirieren. Die feindlichen Lanciers haben mittlerweile wahrscheinlich in der Meinung, den Oberst zu fangen, das an der Straße ge- ⋮ legenen Quartier desselben umringt und, indem sie mit Plündern des dem Obersten gehörigen Wagen beschäftigt sind, ihre Infanterie-Bataillone aber hinter dem Hause aufmarschiert blieben, stürzten sich wenige von unsern Ulanen und der Leutnant Freyer mit 20 Schützen auf die Plünderer, der Reste des Piquets feuert auf die feindliche Infanterie, so dass, durch diese Bravour der Unsrigen, durch das Alarmblasen im Dorfe und die Furcht, abgeschnitten zu werden, der Feind sich mit dem Vorteil, den er durch Plünderung des Wagens hatte, begnügt und eiligst, mit ziemlichem Verlust zurückging. Der Premier-Leutnant Schumann war mit zwei Piecen bis Boechout detachiert, kam aber nicht zum Schießen, weil das Gefecht nach seiner Ankunft beendigt war.

Unser Verlust bestand in 6 Toten, worunter der Stabssekretär Hacker vom Ulanen-Regiment gehört. 17 Gefangenen, bei denen sich der Bataillons-Chirurg vom 2. Schützen-Bataillon und ein Kompanie-Chirurg vom selben Bataillon, der an seinen Wunden starb, befanden, mehrere Blessierte, unter denen sich der Major von Beeren und der Leutnant Freyer befanden.

Nach Aussage der Deserteure, deren täglich 15 bis 20 ankamen, waren die Franzosen mit 4 Kanonen und 4000 Mann früh 2 Uhr aus Antwerpen marschiert, hatten sich mit zurückgelassenem starken Replie gegen Kontich und Borsbeek geteilt, ihre 4 Kanonen auf der Straße jenseits Bergen stehen lassen und, wie nach allem zu vermuten war, in der einzigen Absicht, das Hauptquartier der Vorpostens zu überfallen, um vielleicht dadurch auch einige Posten abzuschneiden, was ihnen aber nicht glückte.

Den **28. Februar 1814** hielt der Herr General-Major von Gablenz über die Artillerie und Train der Batterie Revue.

Den **1. März 1814** erfolgte eine allgemeine Postenveränderung, wie es schien in der Absicht, nicht ferner bei unserer Schwäche dergleichen Zufällen ausgesetzt zu sein. Das Hauptquartier kam nach Mortsel mit diesen: 1 Bataillon Schützen,
2 Kompanien Jäger,
1 Eskadron Ulanen und
4 reitende Kanonen.

Lier blieb mit Duffel und Wallhem als Hauptreserve und Replie-Posten von dem
Elb-Regiment und
1 Eskadron preußische Dragoner,
1 Eskadron preußische Jäger,
2 Eskadronen sächsische Ulanen,
2 Kompanien sächsische Jäger,
dem Rest des leichten Infanterie-Bataillons und
2 Kanonen der Batterie, welche in Wallhem aufgestellt waren, besetzt.

Den **5. März 1814** wurden alle Vorposten abgelöst, und zwar das leichte Infanterie-Bataillon früh 7 Uhr, eine Eskadron Ulanen sowie die Artillerie um 9 Uhr, die Kompanie Jäger Nachmittags 1 Uhr.

Den **9. März 1814** erfolgte eine abermalige Ablösung aller Vorposten.

Den **11. März 1814** erhielt ich den Befehl von dem Herrn Gene- ral-Major von Gablenz, zwei Piecen unter Kommando des Premier-Leutnant Schumann heute Mittag 1 Uhr von hier nach Dendermonde abzuschicken. Ein Detachement Ulanen wurde ihm zur Deckung bis

Malderen gegeben, woselbst sie preußische Truppen ablösten.

Den Posten Dendermonde befehligte der königlich preußische Major von Klinkowstroem, an dessen Befehle der Premier-Leutnant Schumann von nun angewiesen war.

Den **12. März 1814** kamen für das leichte Regiment und Jäger-Bataillon Offiziere und gegen 700 Mann Ergänzung an.

Den **13. März 1814** geschah die Ablösung aller Vorposten, exklusiv der Artillerie in Wallhem, auf welchen Posten der Sous-Leutnant Hoffmann von Altenfels unausgesetzt verblieb. Mittags feierten wir den Sieg bei Laon mit einem Tedeum in der Kathedralkirche.

Den **17. März 1814** wurde früh 7 Uhr Alarm.

Die Tore von Mecheln wurden besetzt, alle übrigen Truppen rückten vor, der Rest der Batterie aber mit ein paar Kompanie-Schützen blieb als Reserve auf dem Marktplatz halten. Der Feind war sehr stark herausgefallen. Alle unsere Vorposten waren gleichzeitig angegriffen, die Posten von Kontich und Waerloos zurückgedrängt und die Franzosen im Vorgehen gegen Wallhem. Glücklicherweise war es gerade der Tag, die Vorposten abzulösen, und unser 1. Bataillon bereits in Wallhem eingetroffen. Der Major von Rade mit zwei Kompanien Schützen und zwei Kompanien vom Elb-Regiment warfen sich dem Feind schnell entgegen. Die braven Schützen drängten tiraillierend die Franzosen zurück, nahmen Wallhem mit dem Bajonett wieder, waren jenseits dieses Dorfes wieder ins Tiraillieren übergegangen und hatten durch eine geschickte Flankenbewegung die feindliche Kolonne auf die gerade Hauptstraße geworfen. So wie dieses geschehen, und der Feind in dichter Masse die Straße einnahm chargierte der Sous-Leutnant Hoffmann, der mit einer Haubitze auf oben bemerkter Straße vorgeschickt war, mit gutem Erfolg. Die Schützen und Preußen, welche währenddessen teilweise schnell über die Straße passiert waren, flankierten ihn links und rechts, so dass nun der Feind den Rückzug antrat und in dicht geschlossener Kolonne retirierte. In unserer linken und rechten Flanke hatte man noch Gewehr- und Kanonenfeuer gehört, weshalb an die Infanterie der Befehl erging, von der Verfolgung abzustehen, um wegen der feindlichen Übermacht nicht etwa abgeschnitten zu werden. Nach späteren Nachrichten erfuhren wir, dass der Feind mit 5 Bataillonen, 1 Eskadron Kavallerie und 6 Kanonen gegen Waerloos und Boechout vorgegangen, und ebenso unsere linken : Posten Boom und Rad mit starken Abteilungen angegriffen haben, um mit dieser Kraft eine Hauptfouragierung zu sichern. Nachdem aber unsere Widersacher bei Waerloos so nachdrücklich zurückgeworfen waren, eilten auch die feindlichen Kolonnen in unsern Flanken zur Festung, ohne ihr Vorhaben erreicht zu haben. Selbst mehrere Schiffe mit 400 Mann und 3 Kanonen, welche auf der Schelde gegen Rupelmonde vorgegangen waren, taten ein Gleiches.

Wir hatten einen Toten und fünf Blessierte, dagegen die Franzosen beträchtlicheren Verlust erlitten haben mochten, indem sie 6 Lancierpferde liegen ließen und die Blutspuren auf der Straße einen bedeutenden Verlust vermuten ließen. Von Boechut aus, woselbst der Oberst-Leutnant Reuss vom Elb-Regiment kommandierte, waren sie ebenfalls mit Verlust retiriert.

Den **21. März 1814** hatte die gewöhnliche Ablösung der Vorposten statt.

Den **22. März 1814** sowie den **23.** wurde alles Vieh aus den vor den Vorposten gelegenen Ortschaften zurückgetrieben, um sie vor der Wegnahme zu sichern, die der Feind unter gröblichen Drohungen angesagt hatte.

Den **24. März 1814** wurden die Vorposten abgelöst.

Den **28. März 1814** wurde befohlen, dass Tages darauf früh ½ 8 Uhr alle Truppen in Mecheln auf ihren Rendezvousplätzen dergestalt in Bereitschaft sein sollten, dass sie nach Eintreffen des russisch-deutschen Legions-Corps unter dem General Grafen von Wallmoden 6.000 Mann stark sogleich abmarschieren könnten. Diesem nach brachen wir Tages darauf

den **29.März 1814** früh 9 Uhr von Mecheln auf. Der Marsch ging auf der Brüsseler Chaussee bis Vilvoorde, von da ging das Corps rechts über die Höhen, die Batterie aber über Brüssel, weil ersterer Weg mit Geschütz und Fuhrwesen nicht zu passieren war. Nachmittags 3 Uhr stieß die Batterie eine Stunde jenseits Brüssel auf der Straße nach Gent bei dem Dorfe Zellik wieder zum Corps, woselbst sogleich wieder Position genommen wurde. Gegen Abend wurden außer einigen Feldwachten alle Truppen in die an der Straße liegenden Dörfer einquartiert, die Ulanen und Artillerie in Zellik. Der Train der Batterie musste en Park biwakieren.

Den **30. März 1814** erhielt das Corps den Befehl, von früh 5 Uhr an zum Abmarsch in Bereitschaft zu sein. Gegen Mittag traf ein Bataillon Landwehr unter dem Major von Selmnitz, desgleichen die 12-pfündige Batterie Zandt auf unserem Rendezvousplatz bei Zellik ein, worauf um 1 Uhr der Aufbruch des Corps erfolgte. Wir gingen an diesem Tage über Asse, Aalst bis Helligen, wo wir Nachtquartier erhielten. Vor Aalst sah seine Durchlaucht der Herzog von Sachsen-Weimar, der sein Hauptquartier in Asse hatte, die Truppen defilieren.

Den **31. März 1814** brach das Corps dergestalt auf, dass wir früh 7 Uhr in Ombergen, woselbst das Rendezvous war, eintreffen mussten. Von da ging der Marsch auf der Straße nach Oudenaarde fort. Auf den Höhen 2 Stunden vor Oudenaarde hörten wir sehr deutlich eine anhaltende Kanonade. Vor Oudenaarde, woselbst wir gegen 1 Uhr ankamen, wurde ein Halt gemacht, und die Quartiermacher sollten eben abgehen, als auf einmal die von der Batterie zurückgesprengt kamen, auch sogleich Befehl erging, dass die Batterie unter Deckung von 2 Eskadronen Ulanen im Trabe vorgehen, um jenseits Oudenaarde auf den Höhen rechts der Straße Position zu nehmen. Das ganze Corps folgte nach. Die Jäger und Schützen wurden in einen vor uns gelegenen Wald detachiert, und die Kavallerie stellte sich rechts und links der Batterie en Linie auf.

Die Folge der gehörten Kanonade war die unglückliche Retraite des Thielmannschen Corps, was in größter Unordnung gegen Oudenaarde zurückkam, vorzüglich viele einzelne von der Landwehr ganz ohne Waffen, viele Wagen mit Verwundeten und Nichtverwundeten. Der General Maison, gegen den die 4.000 Mann starke Landwehr gefochten, hatte solche mit seiner überlegenen Macht von 10.000 Mann stark zugedeckt und mit einem Verlust von einer Kanone, vielen Toten, Blessierten und Gefangenen zurückgewiesen. Unter den schwer Blessierten befand sich der Oberst von Thümmel und mehrere Offiziere, unter den Gefangenen die Rittmeister Haake und Seebach vom Husaren-Regiment und Hauptmann Kraushaar von der Linien-Infanterie.

Durch die Bravour unserer Kavallerie und Artillerie und einem Teil der Infanterie hatten die Feinde ebenfalls eine ziemliche Niederlage erlitten. Wäre die Vereinigung des Gablenzschen mit dem Wallmodschen Corps zustande gekommen und der Angriff in Verbindung mit dem Thielmannschen, wie es die frühere Absicht gewesen sein soll, erfolgt, so wären wahrscheinlich andere Resultate zum Vorschein gekommen. Gegen Abend wurde unsere Position verlassen, und wir bezogen in Oudenaarde Quartiere, bis auf einige Feldwachten.

Da Tournai nur mit drei sächsischen Bataillonen besetzt war, und der General Maison den Ort vier Stunden lang attackiert, auch stark mit Granaten beschossen hatte, so glaubte der General Thielmann den Ort in feindlichen Händen.

Wir brachen dennoch um Mitternacht von Oudenaarde auf und marschierten in folgender Ordnung nach Tournai ab: 1 Eskadron Ulanen,
1 Kompanie Jäger,
1 Bataillon Schützen,
2 reitende Piecen,
2. Bataillon Schützen,
2 reitende Piecen,
die Jäger,
die Ulanen und
die Batterie Hirsch.

Durch den Rittmeister Lindemann, der rekognoszieren vorausgegangen war, erhielten wir schon auf dem halben Weg die Nachricht, dass Tournai sich gut gehalten hätte, und der Feind mit einem Verlust von 800 Mann sein Vorhaben aufgegeben hätte. Wir rückten demnach Nachmittags 2 Uhr

den **1. April 1814** in Tournai ein. Die Stadt war sehr überlegt, indem sich das Thielmannsche Corps hier sammelte und ausruhte.

Auf erhaltene Ordre von General-Leutnant Freiherrn von Thielmann erhielten: 2 leichte Infanterie-Bataillone,
1 Jäger-Bataillon,
3 Eskadronen Ulanen und
4 reitende Kanonen   eine
etwas vorgelegte Kantonierung und wurden zum Vorpostendienst gegen Lille gebraucht, wohin sich der General Maison dirigiert hatte. Der Kommandant dieser Vorposten war der Oberst von Niesemeuschel vom Ulanen-Regiment. Dieser nahm sein Quartier in

Marquain, ⋮ und die unter seinem Befehlen stehenden Truppen wurden folgendermaßen delogiert:
    das erste leichte Infanterie-Regiment, Marquain,
    das Jäger-Bataillon, Lamain,
    die reitende Batterie, Troidemond),
    die drei Eskadronen Ulanen
    in der Liller Vorstadt und Troyenne.

Abends 6 Uhr erfolgte der Abmarsch aus Tournai und ½ 8 Uhr rückten wir in Marquain ein.

Den 2. April 1814 fielen auf den Vorposten in den Vormittagsstunden einige Schüsse, die unsere Schützen auf eine feindliche Patrouille taten und zwei Pferde töteten, worauf sogleich alle Truppen ausrückten. Da sich aber weiter nichts vom Feinde zeigte, so wurde nach Verlauf von zwei Stunden wieder eingerückt.

Den 3. April 1814 erhielten wir Befehl, die Quartiermacher nach Ath abzuschicken, wohin der General-Major von Gablenz

den 4. April 1814 mit dem Kürassier-Regiment, dem 1. leichten Infanterie-Regiment, den vier Landwehr-Regimentern, zwei Kompanien Jäger, einer reitenden und einer Fuß-Batterie früh 6 Uhr aufbrach. Nachmittags 3 Uhr rückten wir über Lenz in Ath ein. In Tournai stieß diesen Morgen der Premier-Leutnant Schumann mit seinen zwei Piecen zur Batterie, kam aber denselben Tag mit dem 1. Bataillon Schützen unter dem Major von Rade auf Vorposten nach Condé Pari gegen Condé. Die Ulanen und zwei Kompanien ⋮ Jäger blieben gegen Lille auf Vorposten zurück. In Ath wurde den Truppen in dem Tagesbefehl bekannt gemacht, dass die Alliierten den

30. März nach einem erfochtenen bedeutenden Sieg in Paris eingerückt wären, sowie, dass den 31. März Seine Majestät der Kaiser von Russland und der König von Preußen ihren Einzug daselbst gehalten hatten.

Den **5. April 1814** war ein großes Tedeum und Illumination. Der Herr Oberst-Leutnant Raabe hielt Nachmittags Revue über die Batterie.

Den **6. April 1814** ging Abends Ordre ein, dass sich alles zu einem Marsch in Bereitschaft setzen sollte.

Den **7. April 1814** erfolgte früh 8 Uhr der Abmarsch von Ath nach Belœil, drei Stunden gegen Mons, in der Absicht, dem Wallmodschen Corps Platz zu machen, und zugleich die Bewegungen des General Maison zu beobachten. Die Batterie musste biwakieren, weil die Pferde nicht unterzubringen waren.

Den **9. April 1814** verließ das Corps wiederum Belœil. Vor dem Abmarsch vereinigte sich das Bataillon Rade sowie der Premier-Leutnant Schumann mit dem Corps, und nun bezogen wir Kantonierungsquartier in und bei Saint-Ghislain. Das Quartier des Herrn General-Major von Gablenz war in Boussu. Der General übernahm von dem Oberst von Leyser den Vorposten gegen Valenciennes. Der Oberst von Leyser marschierte ab, unter den Befehlen des General-Leutnant von Lecoq, der sein Hauptquartier in Mons hatte. Diesen Abend ging auch die Nachricht ein, dass der Kaiser Napoleon dem Thron Frankreichs entsagt habe.

Den **10. April 1814** erhielten unsere Vorposten die Weisung, sich nicht mit dem Feinde einzulassen, und später wurde sie nun, pro forma ¦ und sehr schwach gegeben, auch unsere Kantonnements erweitert.

Den **16. April 1814** war das 1. Bataillon vom 2. leichten Infanterie-Regiment, eine Eskadron Husaren und eine Batterie aus Sachsen in der Gegend Mons angekommen.

Den **17. April 1814** ging Ordre zum Marsch für den folgenden Tag ein, anderweitige Kantonierungsquartiere zu beziehen. Der General-Major von Gablenz hatte bei seinem Corps das Kürassier- und Husaren-Regiment, die beiden leichten Infanterie-Regimenter, das Jäger-Bataillon, das 4. Landwehr-Regiment und die reitende Artillerie-Brigade.

Den **18. April 1814** brach das Corps früh auf, ging Regimenterweise über Mons, und Nachmittags 2 Uhr rückten wir ins Nachtquartier Buchen ein.

Den **19. April 1814** wurde früh 7 Uhr wiederum abmarschiert, und Nachmittags rückten wir ins Nachtquartier Gilly ein.

Den **20. April 1814** marschierten alle Parteien für sich ab und bezogen eine weitläufige Kantonierung bei Namur. Hier wurde Dienst und Exerzieren fleißig betrieben.

Den **29. April 1814** erhielt ich Ordre, sofort mit der Batterie aus dem zeitherigen Kantonnement aufzubrechen und bis Andenne zu marschieren, woselbst wir für diese Nacht Quartier erhielten.

Den **30. April 1814** wurde früh 7 Uhr aus dem Nachtquartier abmarschiert, und Nachmittags 4 Uhr rückten wir in Lüttich ein. Da dieser Ort zu stark mit preußischen und schwedischen Truppen belegt war, so musste die Batterie biwakieren. Die Mannschaft aber erhielt Billets zum Quartier, wo ihnen die Ver- ⁝ pflegung verabreicht wurde. Von heute an stand die Batterie unter dem Major von Stünzner /: jetzt Oberst-Leutnant vom Husaren-Regiment :/

Den **1. Mai 1814** brachen wir früh 8 Uhr von Lüttich auf und rückten Nachmittags 4 Uhr in Aachen ein. Die Mannschaft erhielt ebenfalls Verpflegung in den Quartieren, musste aber des Nachts biwakieren, weil die Stadt ebenfalls mit fremden Truppen überlegt war.

Den **2. Mai 1814** erhielten wir Quartier in Eupen, zwei Stunden von Aachen.

Den **3. Mai 1814** erhielt ich Ordre von dem Major von Stünzner, mit dem Premier-Leutnant Schumann und einigen Unteroffizieren früh 8 Uhr in Aldenhoven zu sein, um die Artillerie-Effekten der Festung Jülich zu übernehmen; der Premier-Leutnant Schumann aber die des Geniewesens. In und bei Aldenhoven standen dänische Truppen.

Den **4. Mai 1814** rückte die französische Besatzung mit allen Ehrenzeichen, neun Piecen mit den dazugehörigen Munitionswagen aus. Vor der Glacis waren die unsrigen, bestehend in dem 2. leichten Infanterie-Regiment, dem 4. Landwehr-Regiment, der 2. reitenden Batterie und einem Detachement Husaren, aufmarschiert und rückten als Besatzung in die Festung ein.

Selbigen Nachmittag übernahm ich von dem französischen Artillerie-Leutnant Malichart 127 Stück Geschütz, Munition, Gewehr und andere Waffen, sowie alle zur Artillerie gehörigen Effekten und übergab Tages darauf an den königlich preußischen ⋮ Oberst Krauseneck, der die Konvention mit dem französischen Gouverneur der Festung General Baron Bouquet abgeschlossen hatte, das Manual. Der Leutnant Hoffmann von Altenfels übernahm unterdessen das Kommando der Batterie, welche in Güsten unweit Jülich einquartiert wurde.

Den **05.** Mai 1814 und die folgenden Tage war ich beschäftigt, alles, soviel sich tun ließ, in Ordnung zu bringen.

Den **08.** Mai 1814 marschierte das 4. Landwehr-Bataillon und ging mit der übrigen Landwehr unter dem General-Major von Gablenz nach Sachsen ab.

Den **16.** Mai 1814 erteilte mir der General-Major von Ryssel, der einige Tage zuvor das Kommando der Festung übernommen hatte, die Ordre, alles zur Artillerie gehörige der Festung Jülich an den Premier-Leutnant Schumann zu übergeben.

Den **17.** Mai 1814 war diese Übergabe beendigt, und ich übernahm nun das Kommando der Batterie wieder.

Den **19.** Mai 1814 brachen wir früh 6 Uhr aus dem seitherigen Kantonnement Güsten auf und bezogen in Schiefbahn unweit Neuss anderweitige Kantonierungen, und die Brigade reitende Artillerie stand nun unter den Befehlen des General-Major von Ryssel, der sein Hauptquartier in Neuss hatte.

Den **31. Mai 1814** hielt der Herr Oberstleutnant und Muster-Inspekteur der Kavallerie von Lindemann über die Bekleidung und übrige Equipage der Batterie Revue.

Den **01. Juni 1814** hatte die reitende Artillerie-Brigade vor dem General-Major von Ryssel Revue, und die Batterien mussten jede für sich einige Bewegungen machen.

Den **10. Juni 1814** wurde die Brigade von Ryssel bei Neuss konzentriert und passierte vor dem Herrn General-Leutnant Freiherr von Thielmann die Revue. Nach deren Beendigung rückten wir wieder in unsere Kantonierungen.

Den **13. Juni 1814** übergab ich dem Sous-Leutnant Hoffmann von Altenfels das Kommando der Batterie, in dem ich mit dem Premier-Leutnant Schumann vom 14. bis 27. hujus Urlaub hatte. Binnen dieser Zeit war die reitende Artillerie-Brigade der Brigade des Herrn General-Major von Brause zugeteilt worden, welcher sein Quartier zu Münstermaifeld hatte, die Batterie aber in Pillig, wo ich das Kommando derselben wieder übernahm. Hier blieben wir bis

den **01. Juli 1814**, wo wir früh 7 Uhr aus dem seitherigen Kantonnement aufbrachen und anderweitiges Kantonnement in Rübenach bei Koblenz bezogen.

Den **06. Juli 1814** wurde Abends gegen 8 Uhr auf Alarm, befohlenermaßen parademäßig ausgerückt, und die gesamte Artillerie, sowie Kavallerie und Infanterie, wurden en Linie auf beiden Seiten der Straße nach

Koblenz aufgestellt und erwarteten so die Ankunft des Kaisers Alexander, der um Mitternacht ankam.

Den **07. Juli 1814** früh 5 Uhr rückten alle Truppen nach Koblenz und passierten um 7 Uhr die Revue vor dem Kaiser, worauf alles wieder in die Kantonierungsquartiere rückte.

Den **08. August 1814** erfolgte ein allgemeiner Aufbruch des sächsischen Corps, und wir passierten diesen Nachmittag 4 Uhr den Rhein bei Koblenz und bezogen für diese Nacht einen Biwak bei Rotenhain.

Den **09. August 1814** hielt der königl. preuß. General Kleist ⁝ von Nollendorf Revue über die sächsische Infanterie und Artillerie. Wir gingen hierauf über Montabaur und erhielten in Steinefrenz Nachtquartier.

Den **10. August 1814** ging der Marsch über Hadamar bis ins Nachtquartier Niederzeuzheim.

Den **11. August 1814** über Weilburg bis Weilmünster, wo wir Tages darauf Rast hatten.

Den **13. August 1814** brachen wir von da auf und hatten Nachtquartier in Wieseck jenseits von Gießen.

Den **14. August 1814** erhielten wir zum Nachtquartier Maulbach. Auf dem Marsche dahin hatte die Batterie das Unglück, dass ein Kugelwagen in die Luft flog. In dem Dorfe Mardorf.

Den **15. August 1814** bezogen wir Kantonierungsquartiere in Kurhessen. Die Batterie kam nach Seibelsdorf unweit Alsfeld. Hier blieben wir bis den **22. August 1814** wo wir anderweitige Kantonierungsquartiere in Loshausen bezogen. Der General-Major von Brause und der Brigadestab standen in Treysa.

Den **6. September 1814** exerzierte die reitende Artillerie en Brigade vor dem Herrn Oberst-Leutnant Raabe in Willingshausen, zuvor aber in den Batterien.

Den **8. September 1814** trat das Corps den Rückmarsch gegen den Rhein an. Wir kamen heute in das Nachtquartier Rauschenberg.

Den **9. September 1814** gingen wir über Marburg bis Rollshausen.

Den **10. September 1814** hatten wir Nachtquartier in Mainzlar.

Den **11. September 1814** gingen wir über Gießen, Wetzlar, Braunfels und Weilburg, erhielten Nachtquartier in (Wald-) Merenberg, wo wir den folgenden Tag Rast hatten.

Den **13. September 1814** wurde früh 8 Uhr aus dem Rastquartier abmarschiert, und wir gingen über Hadamar bis Heiligenroth.

Den **14. September 1814** bis Simmern und

den **15. September 1814** passierten wir Montabaur, gingen bei Koblenz über den Rhein und bezogen eine Kantonierung in Kärlich, zwischen Koblenz und Andernach. In den Nachmittagsstunden versammelten sich die sächsischen Herrn Offiziere bei dem königlich preußischen General von Müffling in Koblenz wegen der zu Marburg eingereichten Adressen.

Den 19. September 1814 exerzierte die Brigade reitender Artillerie in der Gegend Andernach vor dem Herrn General-Major von Liebenau.

Den 21. September 1814 ließ der Herr Oberst-Leutnant Raabe die Artilleriemannschaft der 2. Batterie früh ½ 6 Uhr in Kärlich auf Alarm ausrücken.

Den 22. September 1814 sah der Herr General-Leutnant Freiherr von Thielmann die reitende Artillerie en Brigade exerzieren.

Den 24. September 1814 geschah ein gleiches vor dem Herrn General-Leutnant von Lecoq.

Den 27. September 1814 konzentrierte sich die sächsische Armee in der Gegend Mayen, woselbst die Kavallerie und reitende Artillerie biwakierten, und Tages darauf

den 28. September 1814 ein Feldmanöver und Scheibenschießen vor dem königlich preußischen General Kleist von Nollendorf hatten. Er beschenkte die Artillerie mit 30 Louis d'ors.

Den 29. September 1814 bezog die reitende Artillerie-Brigade anderweitige Kantonierungsquartiere im Ahrtale, der Stab kam nach Ahrweiler und die 2. Batterie nach Dernau.

Wie nun das Tagebuch, eines bei den meisten Affairen in Aktion stehenden Artillerie-Offizieren durchaus nicht von der weiten Übersicht und deutlichen ⁞ Umfange sein kann, als das eines ruhigen Beobachters, welcher vielleicht auf dem festen Posten steht, wo er von den Bewegungen und Unternehmungen aller Waffengattungen hinlänglich in Kenntnis gesetzt wird, bedarf wohl keiner Erwähnung.

Übrigens hat der Kommandant einer untergeordneten Partei zu viel mit selbigen selbst Beschäftigungen, um auch andere Nebenumstände gehörig reflektieren zu können; auch befindet man sich nur allzu häufig in der Lage, wo man über den Zweck. über die Umstände und über eine Menge anderer Dinge, welche ein Unternehmen in Kampagne veranlassen, hinlänglich berichtigt zu werden, und also das Urteil hierüber alsdann bei so bewandeten Umständen sehr leicht einseitig oder wohl gar schief ausfallen würde.

Schließlich erlaube ich mir noch, über unsere neue Artillerie einige Bemerkungen zu machen.

Die Vorteile derselben gegen die ältere sind durch die Erfahrung so allgemein entschieden, dass sich kaum noch hierüber etwas sagen lässt. Allein ich glaube, in der Praxis selbst folgendes zu ihrem Nachteil bemerkt zu haben.

1.) Scheint mir die am Boden des Kanonenrohrs, in Verbindung mit dem beweglichen Visier-Ringe der horizontalen Richtung wegen angebrachte Wasserwaage keineswegs für die Kampagne geeignet zu sein. Zum wenigsten dürfte dieses bei der reitenden Artillerie der Fall sein, ⁞ wo bei der allzugroßen Schnelligkeit der Bewegungen, diese gläserne Nivelle selten lange halten kann. Im Gegenteil scheint diese Vorrichtung das schnelle Schießen in den Affairen zu verhindern, da gewöhnlich eine geübte Hand und eine lange Zeit dazugehört, um diese Blase einspielen zu lassen, und also diesem Umstande, meiner Ansicht nach, den Poincteur, welcher sich einmal an das Richten mit der Nivelle gewöhnt hat, nur unsicher und ängstlich machen muss. Wie viel Zeit würde übrigens erforderlich sein, wenn man nach einem jedem Schusse, wo das Rohr doch allemal mehr oder weniger seine Lage verändert, diese Nivelle wollte wieder einspielen lassen? Und welche Vorteile würde der Feind hierdurch in dem Augenblick der höchsten Entscheidung gewinnen?

Die Vorteile mit der Wasserwaage wären dennoch vielleicht mit desto größeren Vorteilen nur bei Belagerungsgeschütz anzuwenden, wo die Kanonen ohnedies schon auf Bettungen stehen und das Feuer gemäßigter geleitet wird, so dass der Poincteur Zeit genug hat, seinem Rohre die genaueste Richtung geben zu können.

Für die Kampagne könnte man vielleicht mit mehr Vorteil eine kleine Setzwaage anwenden, die für den gemeinen Soldat weit zuverlässiger wäre. Wider die oben erwähnte Vorrichtung mit dem beweglichen Richtvisier lässt sich übrigens gar nichts sagen, indem sie ganz dem Zwecke angemessen ist. :

2.) Sollten meines Dafürhaltens die Achsen noch um 6 Zoll länger und mit einigen Löchern versehen sein, damit die Fuhrwesen in der Campagne jeder verschiedenen Spur angepasst werden könnte. Außer dass hierdurch die Konstruktion der Fuhrwesen nicht zu leicht destruiert würde, so dürfte vielleicht auch der Vorteil hervorgehen, dass das Fuhrwesen selbst nicht so leicht dem Umwerfen ausgesetzt wäre.

3.) Sollten die Vorderachsen etwas stärker sein, weil die Erfahrung nur allzu sehr bewiesen hat, dass die Vorderachsen oft, die Hinterachsen aber selten zerbrechen. Die Vorderachse hat schon darum mehr auszustehen, weil die Last der Protze und das Hintergewicht der Kanone in einem Hohlgraben einzig und allein auf sie unterwärts wirkt. Ehe nun die Kanone zum Steigen kommt, gibt die Last der ganzen Kanone einen sehr merklichen Stoß dem Vorderwagen, wodurch notwendig in der Bewegung selbst ein Stillstand entsteht, welcher das Zerbrechen der Achse, wie es mir scheint, zur Folge hat. Hierdurch verliert sich augenblicklich der Zweck einer schnellen Beweglichkeit und des geschwinden Fortkommens, welches man bei Verminderung der Achsenstärke vor sich gehabt zu haben scheint, da das Zerbrechen der Achse die ganze Bewegung hemmt, wenn sie nicht gar das Geschütz selbst eine Zeit lang in inaktiven Stand setzt.

4.) Sind die Räder an Felgen und Speichen ׃ beinahe etwas zu schwach. Fände es auch statt, dass bei der Ausrüstung in den Zeughäusern selbst hierzu das erforderliche gute Holz genommen würde, so dürfte dieses in der Kampagne doch nicht der Fall sein, wo nur allzu oft dergleichen Arbeit fremden

Handwerkern überlassen ist, welche teils zu ihrem Nutzen arbeiten, teils aber auch den Zweck der größten Haltbarkeit nicht verstehen. Sie fühlen sich daher gewöhnlich berechtigt, zu einem so leicht und schwach konstruierten Rade kernloses und leichtes Holz zu nehmen. Hinzu kommt noch, dass die schwachen Speichen sehr oft springen, wodurch der Radreifen öfters abgenommen werden muss. Bei jedem neuen Zusammenschweißen wird derselbe allemal kleiner. Es müssen sonach jedes Mal neue Löcher gebohrt werden. Hierdurch wird das Holz, wenn es nicht schon beim Bohren springt, wenigstens sehr geschwächt und seine Wandelbarkeit befördert, ob man zwar gleich versucht hat, beim Bohren die Löcher zu verkeilen, so ersetzt diese künstliche Hilfe doch bei weitem nicht das aus dem Ganzen gewachsene Holze, wenn zumal die Keile aus nicht ganz dürren Holze gefertigt sind. Dann kommt trockene und warme Witterung, so trocknen sie ein und fallen am Ende von selbst heraus.

Endlich erwächst, meiner Ansicht nach, durch die allzu schwachen Räder auch der Nachteil für den Sturz. Wenn das Fuhrwesen sich in einem ungleichen und auf einer Seite merklich tieferen Gleise fortbewegen muss, so wird auch dadurch, dass auf der tieferen Seite, wo der Wagen überhängt und seine Last sich nach dem tiefgehenden Rade zu drängt, der obere Teil des Rades heraus gedrückt und der untere zurück gezogen wird, vermöge des engen vorgeschriebenen Gleises, in welchem die Räder, so zu sagen, eingepresst sind, muss sich auch dadurch das andere Rad oben herein und unten heraus geben, weil es von dem tiefer gehenden Rade gedrückt wird und infolge seines höheren Gleises jenem Drucke notwendig nachgibt. Solche Passagen dürfen dann nur etliche Mal vorkommen, so erhalten die Räder gar bald eine windschiefe Stellung, mit welcher der Sturz verloren geht, und das Umwerfen nach der abhängigen Seite zu befördert wird.

Dadurch ferner, dass der Kasten des Wagens sich an die eine Seite des Rades drückt, bekommen die am Wagen angebrachten Schanzzeuge nur zu bald Gelegenheit, die Speichen der Räder zu zerschleifen und endlich gar zu durchschneiden, wie die Beispiele bei unsern in Kampagne hindurch gebrauchten Wagen deutlich beweisen.

Man könnte zwar hier einwenden, dass bei solchem Übelstande das Schanzzeug nur gut an dem Wagen befestigt wer- ⁞ den müsste, welches auch bei leichten und kurzen Märschen zu bewerkstelligen ist. Wenn man aber erwägt, welchen heftigen Erschütterungen, teils bei schlechten Wegen, teils bei schnellen Bewegungen, ein Wagen ausgesetzt ist, so wird man es auch nicht unmöglich finden, dass sich mit der Länge der Zeit, je nachdem die Erschütterung ist, auch die Schanzzeuge aus ihrer Lage bewegen, und ungeachtet, dass sie bei jedem Abmarsch neu befestigt werden, dennoch während des Marsches wieder locker werden und in den Speichen schleifen. Wie oft ist übrigens bei Eilmärschen eine Artilleriekolonne nicht dem Fall ausgesetzt, vorliegende Gräben mit Hilfe ihres Schanzzeuges zuzuwerfen, ohne dass sie Zeit genug hat, dasselbe mit strenger Genauigkeit wieder anzurödeln, da von einem Augenblick ihres Verweilens vielleicht oft die Entscheidung einer ganzen Affaire abhängt. Nicht genug, das der Sturz bei allzu schwachen Rädern, wie schon dargetan, verloren geht, so setzt sich auch nach Verlust desselben zu viel Kot zwischen Achse und Kotdeckel, wodurch die Friktion vermindert und Fahren und Manövrieren erschwert wird.

5.) Sind die halben eisernen Achsschenkel zur Befestigung der Vorratsräder dem schlechten und unebenen Terrain, ¦ welches die Artillerie nur allzu oft zu passieren hat, nicht angemessen. Man nehme den Fall an, dass ein Wagen einen nur etwas tiefen Graben zu passieren hat; so werden in dem Augenblicke, in welchem die Vorderräder die Böschung wieder ersteigen, die Hinterräder an der Böschung rückwärts mit einem bedeutenden Ruck herabfallen und der hervorstehende Achsschenkel am Rade hängen bleiben. In wie ferne derselbe nun von Eisen ist und dem Stoße nicht nachgeben kann, so wird letzterer allemal auf den Wagen selbst sehr nachteilig seine Kraft äußern und mit der Länge der Zeit zu seiner Destruierung viel beitragen.

Wäre dieser Schenkel aus Holz und /: wie bei den Franzosen :/ mit eisernen Schienen beschlagen, so würde er vermöge seiner Elastizität bei einem leichten Stoß nachgeben und bei einem stärkeren vielleicht zerbrechen. Hierdurch würde aber doch die Erhaltung des Fuhrwesens nicht so gefährdet sein, da ein solcher Schenkel immer eher als ein ganzer Wagen repariert werden kann.

6.) Wenn der Wagen durch irgend eine Vertiefung fährt, so äußert sich die Kraft des Stoßes jederzeit nach der Decke, als dem Teil, welcher am ersten nachgibt, und erleidet dadurch, so zu sagen, eine Biegung, wodurch selbige bisweilen die Wirbel, welche zu ihrer Schließung ⁞ angebracht sind, hinweg sprengt und sonach der Wagen nicht mehr fest geschlossen ist.

7.) Scheint es mir nicht zwecklos, wenn die Bespannung der Mittel- und Vorderpferde eine halbe Elle länger wären, weil beim Fahren durch Gräben, wo die Mittel- und Vorderpferde nicht springen können, die Stangen- den Mittel- und die Mittel- den Vorderpferden oftmals auf die Knochen treten.

Dies sind die Bemerkungen, welche ich in jetziger Campagne zu erfahren Gelegenheit hatte.

Sign. Canton. Eckendorf, den 25. Dezember 1814

      Friedrich Probsthayn

        Capitain

Liste der im Text erwähnten sächsischen Offiziere

Beeren, Carl Anton Ernst von / Regiment Lecoq / Major 14.06.1811

Birnbaum, Heinrich Moritz / Artillerie-Korps / Premierleutnant 21.04.1810 / Adjutant (Capitain 31.07.1815)

Brauchitzsch, Friedrich Maximilian von /Artillerie-Korps / Premierleutnant 05.01.1812

Brause, Friedrich August Wilhelm von / Generalmajor November 1813

Bünau, Rudolf von / Regiment Sahr / Major 13.03.1813

Craushaar, Ernst Wilhelm von / Regiment Anton / Capitain 15.04.1813

Egidy, Heinrich August von / Regiment Lecoq / Major 07.08.1812

Freyer, Johann Gottlob / Regiment Lecoq / Sousleutnant 16.04.1810

Gablenz, Heinrich Adolf von / Generalmajor 17.06.1812

Hagke, Friedrich Gustav von / Regiment Husaren / Rittmeister 04.04.1810

Hoffmann von Altenfels, Carl Friedrich Gotthelf / Artillerie-Korps / Sousleutnant 12.12.1812

Horrer, George Wilhelm / Ingenieur-Korps / Sousleutnant 30.09.1809

Krüger, Johann Gottlieb / Train-Bataillon / Sousleutnant 25.09.1812

Kühnel, Joseph / Artillerie-Korps / Capitain 06.05.1810

Leysser, August Wilhelm Friedrich von / königl. General-Adjutant / Oberst 05.07.1812

Liebenau, Eugen Dietrich Moritz von / Generalmajor 14.06.1812

Lindemann, Friedrich Carl Adolph von / Regiment Johann Chev. / Oberstleutnant 24.01.1813

Lindemann, Wilhelm Ferdinand Freiherr von / Regiment Husaren / Rittmeister 10.08.1811

Lindenau, Adam Friedrich August von / Regiment Husaren / Oberst 24.01.1813

Meyer, Gabriel Marcus / Artillerie-Korps / Sousleutnant 09.12.1812

Niesemeuschel, Wilhelm Ludwig Adolph von / aus dem Ruhestand angestellt / Oberst 1813

Raabe, Gustav Ludwig Ferdinand / Artillerie-Korps / Oberstleutnant 27.01.1813

Raabe, Friedrich Moritz / Artillerie-Korps / Sousleutnant 04.08.1811

Rade, Carl Maximilian vom / Regiment Lecoq / Major 30.11.1810

Reitzenstein, George Christoph von / Regiment Husaren / Sousleutnant 24.06.1810

Roth, Johann Heinrich August von / Artillerie-Korps / Major 10.12.1812 / Brigadier reitende Artillerie

Ryssel, Xaver Gustav Reinhold von / Generalmajor 22.09.1813

Sahrer von Sahr, Carl Ludwig / Generalmajor 22.02.1810

Schäffer, Carl August Moritz /Artillerie-Korps / Premierleutnant 09.12.1812

Schollenstern, August Ferdinand von / Regiment Albrecht Chev. / Sousleutnant 29.05.1809

Schumann, August Friedrich / Artillerie-Korps / Sousleutnant 18.03.1810 (Premierleutnant 25.07.1815)

Seebach, Friedrich Thilo von / Regiment Husaren / Rittmeister 07.06.1810

Selmnitz, Adolf Carl Ludwig von / Regiment Sahr / Major 29.04.1809

Stünzner, August Wilhelm / Chef Generalstab Kavallerie-Division / Major 29.05.1810

Taubenheim, Ludwig August Ehrenfried von / Regiment Ulanen / Major 12.07.1813

Thümmel, Wilhelm August von / Regiment Husaren / Oberstleutnant 23.01.1813

Vitzthum von Eckstädt, Ludwig Ernst Graf /Artillerie-Korps / Sousleutnant 13.06.1810

Weise, Moritz Ludwig / Artillerie-Korps / Premierleutnant 04.05.1810 / Adjutant

Zandt, Carl Friedrich August /Artillerie-Korps / Capitain 10.12.1812

Zeschau, Heinrich Wilhelm von / Generalleutnant 25.02.1810

☙ ✣ ❧

Quellen

Hauptstaatsarchiv Dresden
Bestand 11372 Militärgeschichtl. Sammlung, Akte No. 92

Goebel – Zwei Ritter der Ehrenlegion – Radeberg 1906

Stamm- und Rang-Liste der Kön. Sächsischen Armee auf das Jahr 1813 – Dresden 1813 und **Jahr 1815** – Dresden 1815

Abbildungen (urheberrechtlich geschütztes Material
01 © Hauptstaatsarchiv Dresden
02 © ev.-luth. Kirchspiel Radeberger Land
07 © Deutsches Historisches Museum, Berlin
v.Götz „Sächsische Artillerie rückt in Stellung" (Inv.-Nr.: Kg 59/18) (Farbbild auf Seite 81)
03-06,08 © Jörg Titze

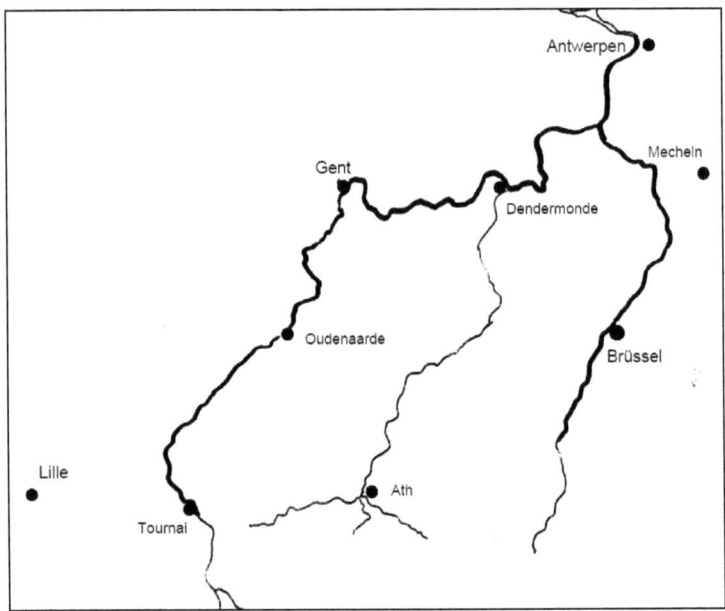

Abb. 08   Gegend zwischen Antwerpen und Lille

Ortsverzeichnis

Ortsname im Text	Aliasname Bemerkung	Gemeinde Stadt	Kreis Region	Bundesland Provinz	Staat/Verw. 2013/1813+4
Aachen		Aachen		NRW	D / Pr. Verw.
Aalst		Hoegaarden		Oost-Vlaanderen	B / KaisR F
Ahrweiler		Bad Neuenahr-Ahrweiler	Ahrweiler	Rheinland-Pfalz	D / Pr. Verw.
Aldenhoven		Aldenhoven	Düren	NRW	D / Pr. Verw.
Allstedt		Allstedt	Mansfeld-Südharz	Sachsen-Anhalt	D / Gg. Sax
Alphen	Alphen aan de Maas			Südholland	NL / Fstt. NL
Alsfeld		Alsfeld	Vogelsbergkreis	Hessen	D / Ghz Hessen
Alt-Ahlen	Altahlen	Ahlen	Warendorf	NRW	D / Pr. Verw.
Amersfoort		Amersfoort		Utrecht	NL / Fstt. NL
Andenne	Andene	Andenne		Namen	B / KaisR F
Andernach		Andernach	Mayen-Koblenz	Rheinland-Pfalz	D / Pr. Verw.
Antwerpen	Anvers	Antwerpen		Antwerpen	B / KaisR F
Artern		Artern/Unstrut	Kyffhäuserkreis	Thüringen	D / Gg. Sax
Asse		Asse		Vlaams-Brabant	B / KaisR F
Asten	Ááste	Asten		Nordbrabant	NL / Fstt. NL
Ath	Aat	Ath		Henegouwen	B / KaisR F
Audigast		Groitzsch	Leipzig	Sachsen	D / Kgr. Sax

Barnstädt		Barnstädt	Saalekreis	Sachsen-Anhalt	D / Gg. Sax
Bautzen	Budyšin	Bautzen	Bautzen	Sachsen	D / Kgr. Sax
Beckwitz		Torgau	Nordsachs.	Sachsen	D / Gg. Sax
Beerendorf		Delitzsch	Nordsachs.	Sachsen	D / Kgr. Sax
Beerlage		Billerbeck	Coesfeld	NRW	D / Pr. Verw.
Beilrode		Beilrode	Nordsachs.	Sachsen	D / Gg. Sax
Belœil	Belle	Belœil		Henegouwen	B / KaisR F
Benndorf		Benndorf	Mansfeld-Südharz	Sachsen-Anhalt	D / Gg. Sax
Bennewitz	unbekannt, Beckwitz ?				D / Gg. Sax
Berchem		Antwerpen		Antwerpen	B / KaisR F
Berga	Berga (Kyffhäuser)	Goldene Aue	Mansfeld-Südharz	Sachsen-Anhalt	D / Gg. Sax
Bergen ¼ h v. Festg. Antwerpen	unbekannt, Berchem ?			Antwerpen	B / KaisR F
Besekum	unbekannt	?			NL / Fstt. NL
Bischofswerda		Bischofswerda	Bautzen	Sachsen	D / Kgr. Sax
Bleesern	Seegrehna	Lutherstadt Wittenberg	Wittenberg	Sachsen-Anhalt	D / Kgr. Sax
Boechout		Boechout		Antwerpen	B / KaisR F
Bokhout	unbekannt, Borgerhout?			Antwerpen	B / KaisR F
Boom		Boom		Antwerpen	B / KaisR F
Borculo, Haarlo		Berkelland	Achterhoek	Gelderland	NL / Fstt. NL

Borgerhout		Antwerpen		Antwerpen	B / KaisR F
Borsbeek		Borsbeek		Antwerpen	B / KaisR F
Boussu		Boussu		Henegouwen	B / KaisR F
Branderode		Hohenstein	Nordhausen	Thüringen	D / Kgr. Pr
Braunfels		Braunfels	Lahn-Dill-Kreis	Hessen	D / Ghz Hessen
Breda		Breda		Nordbrabant	NL / Fstt. NL
Brottewitz		Mühlberg/ Elbe	Elbe-Ester	Brandenburg	D / Gg. Sax
Brüssel	Bruxelles, Brussel	Brussel			B / KaisR F
Buchen	unbekannt			Hainaut	B / KaisR F
Bunzlau	Bolesławiec	Bolesławiec		Woiw.Nd.-schlesien	PL / Kgr. Sax
Buren	Büren	Buren		Gelderland	NL / Fstt. NL
Calau		Calau	Oberspreew.-Lausitz	Brandenburg	D / Kgr. Sax
Condé	Vieux-Condé				F / KaisR F
Connewitz		Leipzig		Sachsen	D / Kgr. Sax
Connewitz		Leipzig		Sachsen	D / Gg. Sax
Dahme		Dahme/ Mark	Teltow-Fläming	Brandenburg	D / Kgr. Sax
Delbrück		Delbrück	Paderborn	NRW	D / Pr. Verw.
Den Bommel		Goeree-Overflakkee		Südholland	NL / Fstt. NL
Dendermonde	Termonde	Dendermonde		Oost-Vlaanderen	B / KaisR F

Dennewitz		Niedergörsdorf	Teltow-Fläming	Brandenburg	D / Kgr. Sax
Dernau		Altenahr	Ahrweiler	Rheinland-Pfalz	D / Pr. Verw.
Dessau		Dessau-Roßlau	Wittenberg	Sachsen-Anhalt	D / Kgr. Sax
Deutekum	Doiekom Hzt. Cleve	-	-	-	NL / Fstt. NL
Deventer		Deventer		Overijssel	NL / Fstt. NL
Diepenheim				Overijssel	NL / Fstt. NL
Dohna		Dohna	Sächs.Schw.-Osterzgeb.	Sachsen	D / Kgr. Sax
Dommitzsch		Dommitzsch	Nord-sachsen	Sachsen	D / Kgr. Sax
Doornspijk		Elburg		Gelderland	NL / Fstt. NL
Dörenhagen		Borchen	Paderborn	NRW	D / Pr. Verw.
Dornsbrück	unbekannt,. Doornspijk ?				NL / Fstt. NL
Drebligar		Elsnig	Nord-sachsen	Sachsen	D / Kgr. Sax
Düben		Coswig (Anhalt)	Wittenberg	Sachsen-Anhalt	D / Kgr. Sax
Duffel		Duffel		Antwerpen	B / KaisR F
Dülleur	unbekannt			Nord-brabant	NL / Fstt. NL
Eckendorf		Grafschaft	Ahrweiler	Rheinland-Pfalz	D / Pr. Verw.
Eilenburg		Eilenburg	Nord-sachsen	Sachsen	D / Kgr. Sax
Eisleben		Lutherstadt Eisleben	Mansfeld-Südharz	Sachsen-Anhalt	D / Gg. Sax

Elburg		Elburg		Gelderland	NL / Fstt. NL
Emblem		Ranst		Antwerpen	B / KaisR F
Emmeln	unbekannt, Emblem ?			Antwerpen	B / KaisR F
Erdeborn		Seengebiet Mansfeld. Land	Mansfeld-Südharz	Sachsen-Anhalt	D / Gg. Sax
Eupen	Néau	Eupen		Luik	B / KaisR F
Geertruiden-berg		Geertruiden-berg		Nord-brabant	NL / Fstt. NL
Geesteren		Berkelland	Achterhoek	Gelderland	Fstt. Nd.lande
Gent	Gand	Gent		Oost-Vlaanderen	B / KaisR F
Gie0en		Gießen	Gießen	Hessen	D / Ghz Hessen
Gilly		Charleroi	Wallon	Hainaut	B / KaisR F
Gleina		Gleina	Burgenland-kreis	Sachsen-Anhalt	G.gouv. Sachsen
Gniest		Kemberg	Wittenberg	Sachsen-Anhalt	D / Kgr. Sax
Gommlo		Kemberg	Wittenberg	Sachsen-Anhalt	D / Kgr. Sax
Gonitz	unbekannt. Jonitz ?				
Gorinchem	Gorkum, Gorcum	Gorinchem		Südkolland	NL / Fstt. NL
Gorkum	Gorinchem	Gorinchem		Südholland	NL / Fstt. NL
Görlitz	Gerltz	Görlitz	Görlitz	Sachsen	D / Kgr. Sax
Görschlitz		Laußig	Nord-sachsen	Sachsen	D / Kgr. Sax

Gotha		Jesewitz	Nordsachsen	Sachsen	D / Kgr. Sax
Göttingen		Göttingen	Göttingen	Niedersachsen	D / Hzm Braunschw.
Grabo		Jessen (Elster)	Wittenberg	Sachsen-Anhalt	Kgr. Sachsen
Groenlo	Grol, Grolle	Oost Gelre	Achterhoek	Gelderland	NL / Fstt. NL
Grone		Göttingen	Göttingen	Niedersachsen	D / Hzm Braunschw.
Großbeeren		Großbeeren	Teltow-Fläming	Brandenburg	D / Kgr. Pr
Großenhain		Großenhain	Meißen	Sachsen	D / Kgr. Sax
Großschlag	unbekannt				
Großwig		Bad Schmiedeberg	Wittenberg	Sachsen-Anhalt	D / Kgr. Sax
Gröst		Mücheln (Geiseltal)	Saalekreis	Sachsen-Anhalt	D / Gg. Sax
Güsten		Jülich	Düren	NRW	D / Pr. Verw.
Haaften		Neerijnen		Gelderland	D / Fstt. NL
Hadamar		Hadamar	Limburg-Weilburg.	Hessen	D / Hzm Nassau
Hainichen		Zeitz	Burgenlandkreis	Sachsen-Anhalt	D / Gg. Sax
Hannoversch Münden		Hannoversch Münden	Göttingen	Niedersachsen	D / Hzm Braunschw.
Harderwijk		Harderwijk		Gelderland	NL / Fstt. NL
Hartmannsdorf	Raciboro-wice	Warta Bolesławiecka	Bolesławiec	Woiw.Niederschlesien	PL / Kgr. Sax
Haynau	Chojnow	Chojnow	Legnicki	Woiw.Niederschlesien	PL / Kgr. Pr
Heiligenroth		Montabaur	Westerwaldkreis	Rheinland-Pfalz	D / Ghz Hessen
Heiterer Blick	Heiterblick	Leipzig		Sachsen	D / Kgr. Sax

Hennersdorf	Henryków Lubański	Lubań	Lubański	Woiw. Niederschlesien	PL / Kgr. Sax
Hernmert	unbekannt	?			NL / Fstt. NL
Hettingen	unbekannt, Oosterzele			Oost-Vlaanderen	B / KaisR F
Hettstedt		Hettstedt	Mansfeld-Südharz	Sachsen-Anhalt	D / Gg. Sax
Heusden		Heusden		Nord-Brabant	NL / Fstt. NL
Hirschfeld	unbekannt				
Hochkirch	Bukecy	Hochkirch	Bautzen	Sachsen	D / Kgr. Sax
Hoogstraten		Hoogstraten	Flandern	Antwerpen	B / KaisR F
Horen	unbekannt				
Ihlow		Dahme/Mark	Teltow-Fläming	Brandenburg	D / Kgr. Sax
Jannowitz	Janecy	Göda	Bautzen	Sachsen	D / Kgr. Sax
Jauer	Jawor	Jawor	Jawor	Woiw. Niederschlesien	PL / Kgr. Pr
Jonitz	Waldersee	Dessau-Roßlau	Wittenberg	Sachsen-Anhalt	D / Kgr. Sax
Jülich		Jülich	Düren	NRW	D / Pr. Verw.
Jüterbog		Jüterbog	Teltow-Fläming	Brandenburg	D / Kgr. Sax
Kampen		Kampen		Overijssel	NL / Fstt. NL
Kärlich	Mühlheim-Kärlich	Weißenthurm	Mayen-Koblenz	Rheinland-Pfalz	D / Pr. Verw.
Kassel		Kassel		Hessen	D / Kft. Hessen
Kemberg		Kemberg	Wittenberg	Sachsen-Anhalt	D / Kgr. Sax

Kleinenberg		Lichtenau	Paderborn	NRW	D / Pr. Verw.
Kleinwölkau		Schönwölkau	Nordsachsen	Sachsen	D / Kgr. Sax
Koblenz		Koblenz		Rheinland-Pfalz	D / Pr. Verw.
Königs-wartha		Königs-wartha	Bautzen	Sachsen	D / Kgr. Sax
Kontich		Kontich		Antwerpen	B / KaisR F
Kratzburg	unbekannt			Nord-Brabant	NL / Fstt. NL
Kropstädt		Lutherstadt Wittenberg	Wittenberg	Sachsen-Anhalt	D / Kgr. Sax
Künest	Hermsdorf? (Burg Kynast)	(Hirschberg) Jelenia Góra		Woiw. Niederschlesien	PL / Kgr. Pr
Lamain		Tournai	Wallon	Hainaut	B / KaisR F
Landsberg		Landsberg	Saalekreis	Sachsen-Anhalt	D / Hzm Magdeburg
Langendorf		Elsteraue	Burgenlandkreis	Sachsen-Anhalt	D / Gg. Sax
Langen-reichenbach		Mockrehna	Nordsachsen	Sachsen	D / Gg. Sax
Laon		Laon		Aisne	F / KaisR F
Lauchstädt		Goethestadt Bad Lauchstädt	Saalekreis	Sachsen-Anhalt	D / Gg. Sax
Leipzig		Leipzig		Sachsen	D / Kgr. Sax
Lens			Calais-Picardie		F / KaisR F
Leopoldshain	Lagóv	Zgorzelec		Woiw. Niederschlesien	PL / Kgr. Sax
Lichtenau		Lichtenau	Paderborn	NRW	D / Pr. Verw.
Lier	Lierre	Lier		Antwerpen	B / KaisR F
Lille			Calais-Picardie		F / KaisR F
Linow		Nuthe-Urstromtal	Teltow-Fläming	Brandenburg	D / Kgr. Sax

Lodersleben		Querfurt	Saalekreis	Sachsen-Anhalt	D / Gg. Sax
Loeßnitz	unbekannt				
Loshausen		Willingshausen	Schwalm-Eder-Kreis	Hessen	D / Ghz Hessen
Loßwig		Torgau	Nordsachsen	Sachsen	D / Gg. Sax
Lubast		Kemberg	Wittenberg	Sachsen-Anhalt	D / Kgr. Sax
Luckau		Luckau	Dahme-Spreewald	Brandenburg	D / Kgr. Sax
Luckowehna	eingemeindet in Brinnis	Schönwölkau	Nordsachsen	Sachsen	D / Kgr. Sax
Lüttich	Liége, L`l dge´,	Liége		Luik	B / KaisR F
Mahitzschen		Belgern-Schildau	Nordsachsen	Sachsen	D / Gg. Sax
Mainzlar		Staufenberg	Gießen	Hessen	D / Ghz Hessen
Malderen		Londerzeel		Vlaams-Brabant	B / KaisR F
Marburg		Marburg	Marburg-Biedenkopf	Hessen	D / Ghz Hessen
Mardorf		Homberg (Efze)	Schwalm-Eder-Kreis	Hessen	D / Ghz Hessen
Markersdorf		Markersdorf	Görlitz	Sachsen	D / Kgr. Sax
Marquain		Tournai	Wallon	Hainaut	B / KaisR F
Marzahna		Treuenbrietzen	Potsdam-Mittelmark	Brandenburg	D / Kgr. Sax
Maulbach		Homberg (Ohm)	Vogelsbergkreis	Hessen	D / Ghz Hessen
Mayen		Mayen	Mayen-Koblenz	Rheinland-Pfalz	D / Pr. Verw.
Mechelen	Malines	Mechelen		Amsterdam	B / KaisR F
Medingen		Ottendorf-Okrilla	Bautzen	Sachsen	D / Kgr. Sax
Meer		Hoogstraten	Flandern	Antwerpen	B / KaisR F
Merenberg		Merenberg	Limburg-Weilburg.	Hessen	D / Ghz Hessen

Merseburg		Merseburg	Saalekreis	Sachsen-Anhalt	D / Gg. Sax
Mochau		Lutherstadt Wittenberg	Wittenberg	Sachsen-Anhalt	D / Kgr. Sax
Möllensdorf		Coswig (Anhalt)	Wittenberg	Sachsen-Anhalt	D / Kgr. Sax
Mons	Bergen	Bergen		Henegouwen	B / KaisR F
Montabaur		Montabaur	Westerwaldkreis	Rheinland-Pfalz	D / Hzm Nassau
Mortsel		Mortsel		Antwerpen	B / KaisR F
Mücheln		Mücheln (Geiseltal)	Saalekreis	Sachsen-Anhalt	D / Gg. Sax
Münster		Münster (Westfalen)		NRW	D / Pr. Verw.
Münster-maifeld		Münster-maifeld	Mayen-Koblenz	Rheinland-Pfalz	D / Pr. Verw.
Naarden		Gooise Meren		Nord-Holland	NL / Fstt. NL
Namur	Nameur	Namur	Wallon	Hainaut	B / KaisR F
Naumburg am Queis	Novogrodziec	Novogrodziec	Bolesławiecki	Woiw. Niederschlesien	PL / Kgr. Sax
Neudorf		Dresden		Sachsen	D / Kgr. Sax
Neuss	Neuß	Neuss	Rhein-Kreis Neuss	NRW	D / Pr. Verw.
Niedergörsdorf		Niedergörsdorf	Teltow-Fläming	Brandenburg	D / Kgr. Sax
Niederzeuzheim		Hadamar	Limburg-Weilburg	Hessen	D / Hzm Nassau
Nijkerk		Nijkerk		Gelderland	NL / Fstt. NL
Nordhausen		Nordhausen	Nordhausen	Thüringen	D / Kgr. Pr
Nunsdorf		Zossen	Teltow-Fläming	Brandenburg	D / Kgr. Pr
Ober-Moys	Ujazd Górny	Udanin	Średzki	Dolnośląski	PL / Kgr. Pr
Oberröblingen		Sanger-hausen	Mansfeld-Südharz	Sachsen-Anhalt	D / Gg. Sax

Ombergen	Südl. Gent			Oost-Vlaanderen	B / KaisR F
Oosterhout		Oosterhout		Nord-Brabant	Fstt. Nd.lande
Oosterzele		Oosterzele		Oost-Vlaanderen	B / KaisR F
Oranien-baum		Oranienbaum-Wörlitz	Wittenberg	Sachsen-Anhalt	D / Kgr. Sax
Österitz		Bad Schmiedeberg	Wittenberg	Sachsen-Anhalt	D / Kgr. Sax
Oudenaarde	Audenarde	Oudenaarde		Oost-Vlaanderen	B / KaisR F
Paderborn		Paderborn	Paderborn	NRW	D / Pr. Verw.
Parschwitz	Prochowice	Prochowice	Legnica	Woiw.Niederschlesien	PL / Kgr. Pr
Paunsdorf		Leipzig		Sachsen	D / Kgr. Sax
Pegau		Pegau	Leipzig	Sachsen	D / Kgr. Sax
Pillig		Maifeld	Mayen-Koblenz	Rheinland-Pfalz	D / Pr. Verw.
Pinoert	unbekannt				D / Pr. Verw.
Pirckloh	unbekannt, Borculo ?				NL / Fstt. NL
Plagwitz		Machern	Leipzig	Sachsen	D / Kgr. Sax
Pretzsch		Bad Schmiedeberg	Wittenberg	Sachsen-Anhalt	D / Kgr. Sax
Primkenau	Przemków	Przemków	Polkowicki	Woiw.Niederschlesien	PL / Kgr. Pr
Putten		Putten		Gelderland	NL / Fstt. NL
Querfurt		Querfurt	Saalekreis	Sachsen-Anhalt	G.gouv. Sachsen
Radeberg		Radeberg	Bautzen	Sachsen	D / Kgr. Sax
Radeburg		Radeburg	Meißen	Sachsen	D / Kgr. Sax
Raguhn		Raguhn-Jeßnitz	Anhalt-Bitterfeld	Sachsen-Anhalt	D / Kgr. Sax
Rahnsdorf		Zahna-Elster	Wittenberg	Sachsen-Anhalt	D / Kgr. Sax
Rammsten	unbekannt			Nord-Brabant	NL / Fstt. NL

Rauschenberg		Rauschen-berg	Marburg-Biedenkopf	Hessen	D / Ghz Hessen
Reed	unbekannt			Antwerpen	B / KaisR F
Reichenbach	Rychbach	Reichenbach/ O.L.	Görlitz	Sachsen	D / Kgr. Sax
Reuden		Kemberg	Wittenberg	Sachsen-Anhalt	D / Kgr. Sax
Rijsbergen	Reesberg ?	Zundert		Nord-Brabant	NL / Fstt. NL
Rijssen		Rijssen-Holten		Overijssel	NL / Fstt. NL
Rollshausen		Lohra	Marburg-Biedenkopf	Hessen	D / Ghz Hessen
Rothemark		Lutherstadt Wittenberg	Wittenberg	Sachsen-Anhalt	D / Kgr. Sax
Rübenach		Koblenz		Rheinland-Pfalz	D / Pr. Verw.
Rupelmonde		Kruitbeke		Oost-Vlaanderen	B / KaisR F
Ruurlo	Reurlo	Berkelland	Achterhoek	Gelderland	NL /Fstt. NL
Sagan	Zagań	Zagań	Zagań	Lebus	D / Kgr. Pr
Saint-Ghislain	Sint-Guilin	Saint-Ghslain		Henegouwen	B / KaisR F
Sangerhausen		Sanger-hausen	Mansfeld-Südharz	Sachsen-Anhalt	G.gouv. Sachsen
Schafstädt		Goethestadt Bad Lauchstädt	Saalekreis	Sachsen-Anhalt	G.gouv. Sachsen
Schenkendorf	unbekannt				
Schildau		Belgern-Schildau	Nord-sachsen	Sachsen	D / Gg. Sax
Schkeuditz		Schkeuditz	Nord-sachsen	Sachsen	D / Gg. Sax
Schmiedeberg		Bad Schmiedeberg	Wittenberg	Sachsen-Anhalt	D / Kgr. Sax
Schöneweide		Nuthe-Urstromtal	Teltow-Fläming	Brandenburg	D / Kgr. Sax

Schönwölkau		Schönwölkau	Nordsachsen	Sachsen	D / Gg. Sax
Schotterey		Goethestadt Bad Lauchstädt	Saalekreis	Sachsen-Anhalt	D / Gg. Sax
Schraplau		Schraplau	Saalekreis	Sachsen-Anhalt	D / Gg. Sax
Seebnitz	Trzebnice	Chocianów	Polkowicki	Woiw. Niederschlesien	PL / Kgr. Pr
Seibelsdorf		Antrifttal	Vogelsbergkreis	Hessen	D / Ghz Hessen
Sellerhausen		Leipzig		Sachsen	D / Kgr. Sax
Sendenhorst		Sendenhorst	Warendorf	NRW	D / Pr. Verw.
Senftenberg		Senftenberg	Oberspreew.-Lausitz	Brandenburg	D / Kgr. Sax
Seulingen		Radolfshausen	Göttingen	Niedersachsen	D / Hzm Braunschw.
Simmern		Montabaur	Westerwaldkreis	Rheinland-Pfalz	D / Ghz Hessen
Soest		Soest	Soest	NRW	D / Fstt. Lippe
Soravemdon	unbekannt			Nord-Brabant	NL / Fstt. NL
Sotter-hausen		Allstedt	Mansfeld-Südharz	Sachsen-Anhalt	D / Gg. Sax
Sprottau	Szprotawa	Szprotawa	Zagań	Lebus	PL / Kgr. Pr
Stedten		Seengebiet Mansfeld. Land	Mansfeld-Südharz	Sachsen-Anhalt	D / Gg. Sax
Steinefrenz		Wallmerod	Westerwaldkreis	Rheinland-Pfalz	D / Pr. Verw.
Stülpe		Nuthe-Urstromtal	Teltow-Fläming	Brandenburg	D / Kgr. Sax
Stünz		Leipzig		Sachsen	D / Kgr. Sax
Taucha		Taucha	Nordsachsen	Sachsen	D / Kgr. Sax
Techwitz	zu Tröglitz	Elsteraue	Burgenlandkreis	Sachsen-Anhalt	D / Gg. Sax
Teuchel		Lutherstadt Wittenberg	Wittenberg	Sachsen-Anhalt	D / Kgr. Sax

Tijenraan		Raalte		Overijssel	NL / Fstt. NL
Torgau		Torgau	Nordsachsen	Sachsen	D / Kgr. Sax
Tournai	Doornik	Tournai	Wallon	Hainaut	Kaiserr. Frankr.
Trebitz		Bad Schmiedeberg	Wittenberg	Sachsen-Anhalt	D / Kgr. Sax
Treysa		Schwalm-stadt	Schwalm-Eder-Kreis	Hessen	D / Ghz Hessen
Tröglitz		Elsteraue	Burgenlandkreis	Sachsen-Anhalt	D / Gg. Sax
Troidemond	unbekannt		Wallon	Hainaut	B / KaisR F
Troyenne	unbekannt		Wallon	Hainaut	B / KaisR F
Tzicko	unbekannt, Ihlow ?		Teltow-Fläming	Brandenburg	D / Kgr. Sax
Uentrop	Uentrop (Hamm)	Hamm		NRW	D / Pr. Verw.
Unterölbern	unbekannt				
Urbach	Urbach (Helme)	Heringen/ Helme	Nordhausen	Thüringen	D / Kgr. Pr
Uthausen		Kemberg	Wittenberg	Sachsen-Anhalt	D / Kgr. Sax
Valenciennes	Vanlensijn	Valenciennes		Nord	F / KaisR F
Velen		Velen	Borken	NRW	D / Pr. Verw.
Vieux-Condé		Vieux-Condé	Calais-Picardie		F / KaisR F
Vilvoorde		Vilvoorde		Vlaams-Brabant	B / KaisR F
Vreden		Vreden	Borken	NRW	D / Pr. Verw.
Vremde		Boechout		Antwerpen	B / KaisR F
Waarloos		Kontich		Antwerpen	B / KaisR F

Warburg		Warburg	Höxter	NRW	D / Pr. Verw.
Wartenburg		Kemberg	Wittenberg	Sachsen-Anhalt	D / Kgr. Sax
Weilburg		Weilburg	Limburg-Weilburg.	Hessen	D / Hzm Nassau
Weilmünster		Weilmünster	Limburg-Weilburg.	Hessen	D / Hzm Nassau
Weisberg	unbekannt			Nord-Brabant	NL / Fstt. NL
Weißenbach	Weißenborn?	Groß-almerode	Werra-Meißner-Kreis	Hessen	D / Kft. Hessen
Weißenberg		Weißenberg	Bautzen	Sachsen	D / Kgr. Sax
Weißenborn		Gleichen	Göttingen	Niedersachsen	D / Hzm Braunschw.
Weißenschirmbach		Querfurt	Saalekreis	Sachsen-Anhalt	D / Gg. Sax
Weßnig		Torgau	Nordsachsen	Sachsen	D / Gg. Sax
Wetzlahr		Wetzlar	Lahn-Dill-Kreis	Hessen	D / Ghz Hessen
Wichel der Sander	unbekannt, Wortel ?			Nord-Brabant	B / KaisR F
Wieseck		Gießen	Gießen	Hessen	D / Ghz Hessen
Wietstock		Ludwigsfelde	Teltow-Fläming	Brandenburg	D / Kgr. Pr
Wildenhain		Großenhain	Meißen	Sachsen	D / Kgr. Sax
Willingshausen		Willingshausen	Schwalm-Eder-Kreis	Hessen	D / Ghz Hessen
Wittenberg		Lutherstadt Wittenberg	Wittenberg	Sachsen-Anhalt	D / Kgr. Sax
Woellmen		Jesewitz	Nordsachsen	Sachsen	D / Kgr. Sax
Wörlitz		Oranienbaum-Wörlitz	Wittenberg	Sachsen-Anhalt	D / Kgr. Sax
Wortel	Wichel der Sander ?	Hoogstraten	Flandern	Antwerpen	B / KaisR F
Zahna		Zahna-Elster	Wittenberg	Sachsen-Anhalt	D / Kgr. Sax
Zandhoven		Zandhoven		Antwerpen	B / KaisR F

Zeitz		Zeitz	Burgenlandkreis	Sachsen-Anhalt	D / Gg. Sax
Zelhem		Bronkhorst		Gelderland	NL / Fstt. NL
Zellik		Asse		Vlaams-Brabant	B / KaisR F
Zinna		Torgau	Nordsachsen	Sachsen	D / Kgr. Sax
Zöbigker		Markkleeberg	Leipzig	Sachsen	D / Kgr. Sax
Zoersel		Zoersel		Antwerpen	B / KaisR F
Zöschen		Leuna	Saalekreis	Sachsen-Anhalt	D / Gg. Sax
Zschernitz		Wiedemar	Nordsachsen	Sachsen	D / Kgr. Sax
Zwenkau		Zwenkau	Leipzig	Sachsen	D / Kgr. Sax
Zwolle		Zwolle		Overijssel	NL / Fstt. NL

Abkürzungen

Staat / Verwaltung

B – Belgien D – Deutschland

F – Frankreich NL – Niederlande

PL -- Polen

Gg. Generalgouvernement Kgr. Königreich

Ghz Großherzogtum Pr. Preußen

Fstt. Fürstentum Sax Sachsen

KaisR Kaisereich Verw. Verwaltung

Woiw. Woiwodschaft

Inschriften des Grabsteins (zu Abb. 02 auf Seite 6)

<u>Vorderseite</u>   Herr Friedr. Gottl.
Probsthayn
Königl. Sächs. Major und
Commandeur der Brigade reit.
Artillerie zu Radeberg
geboren den 15. Dezember 1778
zu Moritzburg
gestorben den 7. November 1839
zu Radeberg
*
Dienstzeit 44 Jahre
Campagnen:
1806, 1813, 1814 und 1815
Schlachten:
bey Jena, Bautzen, Großbeeren und Leipzig
Gefechte
bey Reichenbach, Leopoldshain, Heynau, Altjauer, Nunsdorf,
Wittstock und Kleinwelka
Blokaden:
von Torgau, Antwerpen, Lille, Courdray und Neubreisach

<u>Linke Seite</u>   Ritter
der Königl. franz. Ehrenlegion
damit beliehen bey einer ruhmreichen Tat
in der Schlacht bey Bautzen

<u>Rückseite Sockel</u>   Dieses Denkmal
errichtet aus Liebe und Dankbarkeit
die Hinterlassenen
*
Erneuert zum 50. Jahrestag der Schlacht bei Bautzen
am 20. und 21. Mai 1813
*
Wiederhergestellt im April 1906

In dieser Reihe sind an Memoiren, Berichten und Tagebüchern bisher erschienen:

No. 2 Die Berichte der sächsischen Truppen aus dem Feldzug 1806 (I) – Brigade Bevilaqua

No.19 1812 – Die Sachsen in Rußland / Der Feldzug des VII. Armee-Korps in den Tagesbefehlen des Generalstabes und der Intendanz

No.21 Das Tagebuch von Ernst Ferdinand Aster aus dem Jahre 1812

No.22 Das Tagebuch von Friedrich Ernst Aster aus dem Jahre 1812

No.23 1813 – Die Sachsen im eigenen Land / Der Feldzug der sächsischen Truppen im VII. Armee- Korps in den Befehlen und Rapporten des Generalstabes und der Intendanz

No.26 Friedrich Vollborn – Erlebtes (III) vom 28.03.1813 bis mit 15.03.1814

No.34 Friedrich Vollborn – Erlebtes (IV) vom 16.03.1814 bis mit 02.01.1816

No.37 Die Tagebücher von Johann Carl von Dallwitz (1812 – 1815) und Adolf George von Göphardt (1813)

No.40 Friedrich Vollborn – Erlebtes (I+II) vom 16.04.1808 bis mit 27.03.1813

No.41 Friedrich Gottlieb Probsthayn – Das Tagebuch vom 14.05.1813 bis 29.09.1814

No.42 Die sächsischen Chevauxlegers-Regimenter (I) – Schriftstücke zum Feldzug von 1812

No.43 August Friedrich Wilhelm von Leysser – Die Erinnerungen des Kommandeurs der Garde du Corps 1812